T0197082

essentials liefern aktuelles Wissen in konzentrierter Form. Die Essenz dessen, worauf es als „State-of-the-Art" in der gegenwärtigen Fachdiskussion oder in der Praxis ankommt. *essentials* informieren schnell, unkompliziert und verständlich

- als Einführung in ein aktuelles Thema aus Ihrem Fachgebiet
- als Einstieg in ein für Sie noch unbekanntes Themenfeld
- als Einblick, um zum Thema mitreden zu können

Die Bücher in elektronischer und gedruckter Form bringen das Expertenwissen von Springer-Fachautoren kompakt zur Darstellung. Sie sind besonders für die Nutzung als eBook auf Tablet-PCs, eBook-Readern und Smartphones geeignet. *essentials:* Wissensbausteine aus den Wirtschafts-, Sozial- und Geisteswissenschaften, aus Technik und Naturwissenschaften sowie aus Medizin, Psychologie und Gesundheitsberufen. Von renommierten Autoren aller Springer-Verlagsmarken.

Weitere Bände in der Reihe http://www.springer.com/series/13088

Peter Bruhn

Homeoffice und mobiles Arbeiten im Team effektiv umsetzen

Praxisratgeber: Remote Work und Heimarbeitsplatz technisch schnell einrichten

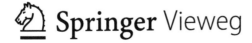

Peter Bruhn
Weiterstadt, Deutschland

ISSN 2197-6708 ISSN 2197-6716 (electronic)
essentials
ISBN 978-3-658-30607-6 ISBN 978-3-658-30608-3 (eBook)
https://doi.org/10.1007/978-3-658-30608-3

Die Deutsche Nationalbibliothek verzeichnet diese Publikation in der Deutschen Nationalbibliografie; detaillierte bibliografische Daten sind im Internet über http://dnb.d-nb.de abrufbar.

Planung/Lektorat: Martin Börger
Springer Vieweg ist ein Imprint der eingetragenen Gesellschaft Springer Fachmedien Wiesbaden GmbH und ist ein Teil von Springer Nature.
Die Anschrift der Gesellschaft ist: Abraham-Lincoln-Str. 46, 65189 Wiesbaden, Germany

Was Sie in diesem *essential* finden können

- Welche Ausstattung Sie und Ihr Team zum Arbeiten im Homeoffice und von unterwegs benötigen
- Wie Sie weltweit erreichbar bleiben und überall auf Daten und Programme zugreifen können
- Mit welchen Anwendungen Sie die Zusammenarbeit im Team optimal organisieren
- Worauf es bei der Führung auf Distanz ankommt
- Wie Sie Prozesse digital umsetzen können
- Wie Sie IT-Sicherheit gewährleisten können

Vorwort

In den letzten Jahren bestand die Möglichkeit, von unterwegs und aus dem Homeoffice[1] zu arbeiten, insbesondere für Mitarbeiter[2] junger, digitaler Unternehmen sowie von Konzernen wie Deutsche Telekom oder SAP. In vielen traditionsreichen Unternehmen des Mittelstands war diese Arbeitsweise nur für ausgewählte Gruppen wie Führungskräfte oder Vertriebsmitarbeiter tageweise möglich. Zudem war es häufig nicht gerne gesehen, wenn Mitarbeiter die Möglichkeit zum Homeoffice in Anspruch nahmen. Inzwischen stellen die Unternehmen fest, dass die jüngere Generation diese Flexibilität immer häufiger erwartet, und dass für die Gewinnung guter Mitarbeiter die Möglichkeit zum mobilen Arbeiten immer wichtiger wird. In Zeiten des Fachkräftemangels bietet sich auch die Chance, überregional zu rekrutieren und Experten zu gewinnen, denen durch Homeoffice ein Umzug erspart bleibt. Langsam, aber stetig werden

---

[1]In der deutschen Arbeitsstättenverordnung (ArbStättV) wird der Begriff Telearbeitsplatz genutzt. Diese definiert in § 2 Abs. 7, dass Telearbeitsplätze „vom Arbeitgeber fest eingerichtete Bildschirmarbeitsplätze im Privatbereich der Beschäftigten" sind, „für die der Arbeitgeber eine mit den Beschäftigten vereinbarte wöchentliche Arbeitszeit und die Dauer der Einrichtung festgelegt hat", und dass der Arbeitgeber „Mobiliar, Arbeitsmittel und Kommunikationseinrichtungen" bereitstellt und installiert. Telearbeitsplätze sind mitbestimmungspflichtig und müssen die Vorgaben des Gesetzes und ggf. von Betriebsvereinbarungen einhalten. In diesem Buch liegt der Fokus hingegen auf dem sog. Homeoffice, also der oftmals freiwilligen zeitweisen Arbeit von zu Hause mit teilweise privater Infrastruktur, sowie auf pragmatischen, schnell umsetzbaren Praxistipps. Rechtliche Aspekte wie betriebliche Mitbestimmung und Arbeitsstättenverordnung können in diesem kurzen Ratgeber nicht behandelt werden.

[2]Im Sinne der Kürze und besseren Lesbarkeit wird in diesem Buch die männliche Form verwendet, auch wenn stets alle Geschlechter gleichermaßen gemeint sind.

daher immer mehr Homeoffice-Vereinbarungen getroffen und die nötigen technischen Voraussetzungen geschaffen.

Gleichzeitig wird die Wirtschaftswelt immer schnelllebiger, sodass Führungskräfte und Mitarbeiter auch unterwegs in Kommunikations- und Entscheidungsprozesse eingebunden bleiben müssen. Der Zugriff auf Dokumente und Workflows von überall auf der Welt wird immer wichtiger.

Im Frühjahr 2020 änderte sich die Situation sehr spontan. Zur Bekämpfung der weltweiten Pandemie COVID-19, ausgelöst durch das Coronavirus SARS-CoV-2, war es erforderlich, dass der persönliche Kontakt – auch am Arbeitsplatz – vermieden wurde und die Menschen, wenn immer möglich, zu Hause blieben. Homeoffice war plötzlich für Millionen von Menschen vorübergehend der neue Arbeitsalltag.

Dieses Buch gibt Unternehmern, Führungskräften und Mitarbeitern konkrete Praxistipps, wie die Arbeitsfähigkeit im Homeoffice und auf Reisen hergestellt und von dort aus möglichst produktiv gearbeitet werden kann. Es gibt auch Hilfestellung, wenn sehr kurzfristig die Arbeitsfähigkeit abseits des gewohnten Büros hergestellt werden muss. Idealerweise wartet man nicht auf eine solche Situation, sondern schafft frühzeitig die Voraussetzungen, damit mobiles Arbeiten jederzeit möglich ist. Dies steigert langfristig die Attraktivität als Arbeitgeber, beschleunigt Prozesse beispielsweise während Geschäftsreisen und verhindert wichtige Ausfälle, wenn ein Arbeitnehmer nicht ins Büro kommen kann, weil er beispielsweise bei seinem kranken Kind zu Hause bleiben oder nach einem Wasserrohrbruch auf den Notdienst warten muss. Es entspannt auch die Situation, die bei einem Streik der Verkehrsbetriebe oder bei Unwettern eintritt.

Studien zeigen, dass meist die Produktivität steigt statt sinkt, wenn ein Mitarbeiter bei Bedarf die Freiheit bekommt, beispielsweise ein Konzept oder einen Bericht ungestört(er) zu Hause zu schreiben als im Büro zwischen vielen Kollegen. Mit guter Führung, die auf Vertrauen und bedarfsgerechter Unterstützung statt Kontrolle basiert, und der richtigen Arbeitsorganisation im Team ist dies machbar.

Dieser Ratgeber unterstützt Sie mit vielen praktischen Tipps und konkreten Hinweisen, mobiles Arbeiten erfolgreich umzusetzen – sei es für Sie selbst oder Ihr Team. Gehen Sie den Weg und probieren Sie es aus – auch und gerade dann, wenn Sie nicht durch Situationen wie eine Pandemie dazu gezwungen werden. Wie bei jedem Veränderungsprozess ist es nicht damit getan, die Tools zur Verfügung zu stellen. Sie müssen auch den Umgang damit und insbesondere die andere Art der Zusammenarbeit und Führung lernen. Dies braucht Zeit und

Übung sowie viel Vertrauen. Lassen Sie sich von Problemen nicht entmutigen, sehen Sie Herausforderungen als Chance, sich zukunftssicherer aufzustellen.

Ich wünsche Ihnen viel Erfolg bei der Umsetzung und viel Freude mit der neu gewonnenen Freiheit, die sehr motivierend sein kann.

Mein besonderer Dank gilt Martin Hund, einem der Vorreiter beim Thema Smart Home in Deutschland, der nicht nur sein Haus digital steuert, sondern auch sein Homeoffice technisch hervorragend gestaltet hat[3], Thomas Metrick, einem Experten mit hoher IT-Kompetenz, Ursula Struben-Born und Alexander Markwirth von LEADMARK, die seit vielen Jahren Führungskräfte begleiten, sowie meiner Mutter. Alle haben mit Anregungen und Feedback viel zu diesem Ratgeber beigetragen.

Wenn Sie Feedback geben möchten, Fragen haben, Erfahrungen teilen können oder Anregungen für zukünftige Auflagen haben, schreiben Sie mir gerne an homeoffice@peterbruhn.de.

Weiterstadt Peter Bruhn
im Mai 2020

---

[3]Für die technische Ausstattung und Steuerung seines Homeoffice siehe [14].

Inhaltsverzeichnis

Über den Autor

Peter Bruhn ist seit über 20 Jahren Experte für die Digitale Transformation. Seine wissenschaftliche Ausbildung umfasst ein Diplom in Wirtschaftsinformatik von der Technischen Universität Darmstadt, einen Master of Science in Computer Science von der University of Illinois at Urbana-Champaign (USA) sowie einen Master of Science in Informationswissenschaft von der Hochschule Darmstadt. Darüber hinaus hat er erfolgreich Executive Education-Programme der Haas School of Business an der University of California Berkeley sowie der IESE Business School in Barcelona absolviert.

Seine berufliche Karriere begann er im Jahr 2000 als Berater bei McKinsey & Company mit der Spezialisierung auf die Digitale Transformation. Anschließend war er viele Jahre als Senior Manager bei der T-Online International AG und der Deutschen Telekom AG tätig. Dort umfasste seine Verantwortung u. a. den Aufbau neuer Geschäftsmodelle für die Digital Business Unit. Als Vice President Group Digital Transformation übernahm Peter Bruhn 2016 die Verantwortung für die Erarbeitung, Steuerung und Umsetzung der Digitalen Agenda der TAKKT AG und deren Portfoliogesellschaften in Europa und den USA.

Als ein Vorreiter für mobiles Arbeiten ist er
mit den damit verbundenen Vor- und Nachteilen
bestens vertraut und hat als Führungskraft jahre-
lange Erfahrung in der Führung verteilter Teams
auf Distanz. Für LEADMARK (www.leadmark.de)
berät er Unternehmen zur Digitalen Transformation
und zur erfolgreichen Homeoffice-Einführung.

Einleitung 1

Produktives Arbeiten im Homeoffice und von unterwegs erfordert neben der passenden IT-Ausstattung auch eine gute Sprach- und Datenverbindung, den Zugriff auf Software und Daten sowie die passenden Führungs- und Arbeitsmethoden. Kleine und mittelständische Unternehmen haben oft in vielen dieser Bereiche noch nicht alle Voraussetzungen geschaffen, um Mitarbeitern das Arbeiten von unterwegs oder zu Hause zu ermöglichen – was in Situationen wie der Coronavirus-Pandemie überlebenswichtig für Unternehmen sein kann.

Dieser Ratgeber gibt Ihnen konkrete Anleitungen, wie Sie ohne IT-Fachkenntnisse schnell und pragmatisch Homeoffice und mobiles Arbeiten für sich und Ihr Team umsetzen können. Darüber hinaus erhalten Sie viele Praxistipps, wie Sie die Zusammenarbeit in verteilt arbeitenden Teams organisieren können und welche Anwendungen dabei empfehlenswert sind. Ziel ist dabei nicht, Ihnen einen vollständigen Marktüberblick über alle vorhandenen Angebote zu verschaffen. Vielmehr werden exemplarisch ausgewählte Lösungen vorgestellt, die sich hoher Akzeptanz erfreuen und die schnell und ohne Unterstützung von IT-Experten genutzt werden können.

Für die Arbeit aus dem Homeoffice benötigen Sie in der Regel zumindest

- einen ergonomisch geeigneten und ruhigen Arbeitsplatz in der eigenen Wohnung
- einen mobilen oder stationären Rechner mit passendem Zubehör (Kap. 2)
- telefonische Erreichbarkeit (Festnetz, Mobilfunk oder IP-Telefonie über den PC, Abschn. 3.1)
- eine stabile Internetverbindung (Abschn. 3.2)
- Softwarelösungen zur Kommunikation per Text, Sprache und Video (Kap. 5)

© Der/die Herausgeber bzw. der/die Autor(en), exklusiv lizenziert durch 1
Springer Fachmedien Wiesbaden GmbH, ein Teil von Springer Nature 2020
P. Bruhn, *Homeoffice und mobiles Arbeiten im Team effektiv umsetzen*,
essentials, https://doi.org/10.1007/978-3-658-30608-3_1

- Cloudspeicher[1] für Daten (Abschn. 5.5)
- IT-Sicherheit inkl. Einhaltung der Datenschutzgrundverordnung (Kap. 6)

Weiterhin sollten alle Mitarbeiter ausreichend in der Nutzung der Software sowie relevanten Sicherheitsthemen geschult sein. Es empfiehlt sich daher, alle Nutzungsszenarien regelmäßig durchzuspielen. Dann sind die Mitarbeiter mit der Nutzung vertraut, eventuelle Probleme können frühzeitig und ohne Stress beseitigt werden. Somit funktioniert das Remote[2]-Arbeiten problemlos auch in Fällen, wo es spontan erforderlich oder sinnvoll ist.

---

[1]*Cloud* bezeichnet ein Netzwerk mehrerer verteilter Rechner, meist ist damit das Internet gemeint.

[2]*Remote* bedeutet nicht in unmittelbarer Nähe befindlich, aber miteinander verbunden.

Hardware 2

Ohne die richtige Hardwareausstattung ist kein Arbeiten von zu Hause oder unterwegs möglich. Hierzu gehören ein Rechner, der mit passendem Zubehör sinnvoll ergänzt werden sollte, sowie ggf. ein Smartphone.

2.1 Rechner

Unternehmen, die bereits ausschließlich oder weitgehend Laptops einsetzen, sind in der glücklichen Lage, dass die Mitarbeiter die Geräte problemlos mitnehmen können. Viele Unternehmen nutzen jedoch bisher vorwiegend stationäre Desktop-PCs für ihre Mitarbeiter – Notebooks sind dann gerne exklusiv Führungskräften und Außendienstmitarbeitern vorbehalten. War dies in der Vergangenheit ein valides Vorgehen, um die Kosten für die IT-Ausstattung niedrig zu halten, ist inzwischen nicht nur der Kostenvorteil minimal, sondern auch die mangelnde Flexibilität viel teurer als die anfängliche Kostenersparnis. Auch innerhalb der Bürogebäude steigt die Mobilität, moderne Bürokonzepte sehen verschiedene Raumkonzepte vor, die die Mitarbeiter während des Arbeitstages abwechselnd nutzen. Von daher ist die eindeutige Empfehlung für zukünftige Investitionen, alle Mitarbeiter standardmäßig immer mit Laptop statt Desktop auszustatten.

> ▶ **Tipp: Spontan Hardware beschaffen** Besteht kurzfristig Bedarf an zusätzlicher Hardware – beispielsweise für eine Veranstaltung oder weil Mitarbeiter vorübergehend im Homeoffice arbeiten –, so gibt es zahlreiche Anbieter, die Mietgeräte anbieten. Der Versandhändler Otto bietet unter www.ottonow.de ein großes Angebot an IT, Elektro-

und Haushaltstechnik, die großen Elektronikmärkte wie MediaMarkt
und Saturn kooperieren mit der Grover Group (www.grover.com),
spezialisierte Anbieter wie LiveRental (www.liverental.de) haben ein
großes Angebot aktueller Hardware, aber auch lokale PC-Händler
können eine hilfreiche Anlaufstelle sein, um spontan IT-Ausstattung
zu mieten.

Eine alternative Möglichkeit zu echter Hardware stellt die Nutzung einer
virtuellen Desktop Infrastruktur dar, d. h. einem PC-Arbeitsplatz in der Cloud.
Hierbei wird die komplette Desktop-Umgebung beispielsweise mit Windows
Betriebssystem und den passenden Anwendungen in einer virtuellen Maschine
(VM) auf einem leistungsfähigen Server[1] in einem Rechenzentrum ausgeführt.
Die gewohnte Arbeitsumgebung ist damit auf jedem Endgerät im Browser[2] nutz-
bar, sei es mit dem privaten PC im Homeoffice oder mit einem Tablet im Café.
Das einzige, was Sie benötigen, ist ein Gerät mit einem Internetzugang. Die
Leistungsfähigkeit des genutzten Endgeräts spielt keine Rolle, alle Vorgänge
finden auf dem Server in der Cloud statt. Wenn die bestehende Unternehmens-
IT-Infrastruktur an die Cloudlösung angebunden wird, kann auch auf Daten,
das Intranet u. a. zugegriffen werden. Virtuelle Desktop-Infrastrukturen werden
angeboten von Amazon (Amazon WorkSpaces aws.amazon.com/de/workspaces),
itopa (www.itopia.com/desktop-as-a-service), Microsoft (Microsoft Virtual Desktop azure.microsoft.com/de-de/services/virtual-desktop) und anderen.

2.2   Zubehör

2.2.1   Headset oder Mikrofon

Im Büro erfolgt viel Kommunikation persönlich. Wer von zu Hause aus arbeitet,
nutzt für jedes Gespräch und für jedes Meeting Telefon oder Webkonferenz.
Dies können viele Stunden täglich sein. Ganz entscheidend ist eine aus-
gezeichnete Verständlichkeit. Ist der Gesprächspartner nur schwer zu verstehen,

---

[1]*Server* sind Rechner, die für andere (über ein Netzwerk verbundene) Systeme bestimmte
Aufgaben wie Datenspeicherung oder Berechnungen übernehmen.

[2]Als *Browser* wird das Programm bezeichnet, mit dem Websites gefunden und gelesen
werden können. Häufig genutzte Browser sind Google Chrome, Microsoft Edge und
Mozilla Firefox.

ist die Tonqualität schlecht oder sind viele Hintergrundgeräusche zu hören, ist die Kommunikation schnell sehr anstrengend, evtl. gehen Informationen verloren oder es kommt zu Missverständnissen. Ein gutes Headset ist daher eines der wichtigsten Geräte, in die eine Investition lohnt. Hierbei sollten Sie neben der Tonqualität darauf achten, dass es auch nach mehreren Stunden noch bequem sitzt. Hochwertige Headsets haben sog. Noise Cancelling-Mikrofone und einen digitalen Signalprozessor (DSP), um Störgeräusche zu reduzieren und die Sprachqualität zu verbessern.

> **Tipp: Headset mit mehreren Geräten verbinden** Sprachkommunikation im Homeoffice erfolgt meist abwechselnd telefonisch und in Webkonferenzen am PC. Es lohnt sich daher, ein Headset zu wählen, welches sich gleichzeitig mit dem Smartphone und mit dem Rechner koppeln lässt. Smartphones und Laptops können heute gewöhnlich per Bluetooth drahtlos mit Headsets kommunizieren (meist liegt auch ein Bluetooth-USB-Adapter bei, der insbesondere für Desktop-PCs ohne Bluetooth nötig ist). Seit Version 4.0 unterstützt Bluetooth besonders energiesparende Verfahren (Low Energy = LE), für die Audioübertragung wird der zukünftige Standard Bluetooth LE Audio weitere Optimierungen und bessere Tonqualität bringen.

Eine Alternative zu einem Headset können ein hochwertiges externes Mikrofon und Lautsprecher sein. Es empfiehlt sich ein Mikrofon mit einer sog. Nieren-Charakteristik. Diese sorgt dafür, dass nur die Tonquellen von vorne erfasst werden, nicht aber der Ton aus den dahinter positionierten Lautsprechern oder von der Tastatur. Dies vermeidet Echo und Störgeräusche. Wenn Sie das Mikrofon an einem Mikrofonarm mit Ploppschutz[3] befestigen, können Sie es bei Bedarf zum Mund heranziehen. Oftmals ist ein Abstand von 15 bis 20 cm ideal, um Ihre Stimme verständlich aufzunehmen und Nebengeräusche effektiv auszublenden.

Benötigen Sie eine Freisprechlösung, die auch mit mehreren Personen nutzbar ist, kann ein Gerät aus der Jabra Speak-Serie eine Anschaffung wert sein.

---

[3]Ein *Ploppschutz* (auch Popschutz genannt) ist eine flache Membran, die vor dem Mikrofon angebracht ist und Luftwirbel filtert. Oft ist es ein ringförmiger, mit einem Netzgewebe bespannter Rahmen.

2.2.2 Webcam

Den Gesprächspartner nicht nur zu hören, sondern auch zu sehen, verbessert die Kommunikation deutlich. Mimik und Gestik beinhalten viel Information. Gerade in schwierigen Diskussionen ist das gesprochene Wort nicht ausreichend, um die Aussagen vollständig beurteilen zu können. Auch in Meetings mit mehreren Personen ist es deutlich einfacher, dem Diskussionsverlauf zu folgen, wenn man sieht, wer spricht, und mitbekommt, wie die anderen -vorübergehend stummen – Personen reagieren.

Daher zählt eine Kamera zur Grundausstattung jedes Heimarbeitsplatzes. Laptops und Smartphones haben meist eine Kamera eingebaut. Diese ist fest am oberen Rand des Bildschirms eingebaut und lässt sich nicht verstellen. Insbesondere, wenn ein externer Monitor zum Einsatz kommt, ist dies störend.

Eine Webcam, also eine per USB-Kabel mit dem Rechner verbundene externe Kamera, lässt sich beliebig positionieren und liefert ein besseres Bild als eingebaute Geräte. Wenn Sie eine Webcam nutzen, die Windows Hello unterstützt, können Sie sich bei Windows 10 auch per Gesichtserkennung statt mit einem Kennwort anmelden.

▷   **Tipp: Optimale Lichtsituation für Webkonferenzen** Achten Sie auf die richtige Beleuchtung. Ihr Gesicht sollte ausreichend hell sein. Dabei sollte das Licht nicht von einer Schreibtischlampe kommen, sondern aus mehreren Quellen, die den Kopf indirekt von vorne beleuchten (beispielsweise durch Reflexion an der Decke oder Wand hinter dem Monitor). Dann sind weder einzelne Gesichtspartien überstrahlt, noch wird man geblendet. Auch ein heller Hintergrund wie ein Fenster, durch das die Sonne scheint, sollte vermieden werden. Positionieren Sie die Kamera auf Stirnhöhe und sitzen Sie aufrecht, denn ein gesenkter Kopf führt zu Doppelkinn und gepresster Stimme.

2.2.3 Tastatur und Maus

Laptops besitzen eine Tastatur und haben meist ein Touchpad als Mausersatz eingebaut. Für längeres Arbeiten lohnt sich der Einsatz von externer Tastatur und Maus. Beides wird entweder per USB-Kabel oder drahtlos mit dem Laptop verbunden. Sofern die Anzahl der USB-Ports am Laptop nicht ausreichen, kann mit

Abb. 2.1 kompakter USB-Hub mit 4 USB 3.0-Anschlüssen

einem USB-Hub (siehe Abb. 2.1) für wenige Euro die Anzahl der Anschlüsse erweitert werden. Sofern mehrere Geräte abwechselnd genutzt werden (beispielsweise Laptop, Smartphone und privater PC), lohnt sich die Anschaffung von Tastatur und Maus, die sich mit mehreren Geräten gleichzeitig koppeln und auf Knopfdruck umschalten lassen (Multi-Device Keyboard/Mouse).

Moderne Rechner mit USB-C Anschluss erlauben den Einsatz von sog. Docking Stations. Diese beinhalten nicht nur einen USB-Hub, sondern auch Anschlüsse für ein Netzwerkkabel, den Monitor mittels HDMI, die Stromversorgung zum Laden des Notebooks sowie Anschlüsse für SD-Kartenleser oder andere Peripheriegeräte. So lässt sich der PC durch ein einziges Kabel mit dem gesamten Equipment verbinden.

2.2.4 Monitor

Je kompakter der Laptop ist, desto kleiner ist auch der Bildschirm. Beim Beantworten von E-Mails im Hotelzimmer am Abend stört dies nicht weiter. Wer jedoch den ganzen Tag beispielsweise mit großen Tabellen arbeitet, mehrere Fenster nebeneinander benötigt oder kleine Schrift nur schwer lesen kann, sollte seinen Laptop an einen größeren Monitor anschließen. Viele Mitarbeiter haben zu Hause einen privaten PC, teils mit sehr gutem Bildschirm beispielsweise für Computerspiele. An diesen kann problemlos der berufliche Laptop angeschlossen

Abb. 2.2 Adapter Mini-DisplayPort auf DisplayPort

werden. Auch an moderne Flachbildfernseher kann der Rechner angeschlossen werden.

Üblich sind heutzutage drei Standards für die Verbindung des Monitors mit dem Rechner: HDMI (High Definition Multimedia Interface), DP (DisplayPort) und USB-C. Während am Monitor die Anschlüsse gewöhnlich in Standardgröße ausgeführt sind, haben Laptops oftmals kleinere Anschlussbuchsen für Stecker im Mini- oder Mikroformat. Hier reicht ein einfacher Adapter (siehe Abb. 2.2) oder ein Kabel mit Standardstecker auf der einen und Ministecker auf der anderen Seite (beispielsweise Mini-DisplayPort-zu-DisplayPort-Kabel, siehe Abb. 2.3). Neben HDMI, DisplayPort und zunehmend USB-C ist auch DVI (Digital Visual Interface) noch häufig anzutreffen. HDMI und DVI sind technisch so ähnlich, dass ein einfacher Adapter reicht, der lediglich die Kontakte verbindet (siehe Abb. 2.4). Verbindung von (Mini-)DisplayPort auf der einen Seite und HDMI/ DVI oder VGA am anderen Ende hingegen erfordert einen teureren Wandler, der die Signale verarbeitet und passend konvertiert (siehe Abb. 2.5).

Der früher häufig genutzte VGA-Anschluss ist für die heutigen Flachbildschirme ungeeignet, da das von der Grafikkarte erzeugte digitale Bild zunächst

Abb. 2.3   HDMI-Kabel und Mini-DisplayPort auf DisplayPort-Kabel

verlustbehaftet in ein analoges Signal umgewandelt und dann vom Monitor wieder in ein digitales Signal zurückverwandelt werden muss. Dies führt zu Qualitätseinbußen und schlechter Bildqualität.

> **Tipp: Mehrere Rechner parallel an einen Monitor anschließen**
> Moderne Monitore haben meist mehrere Anschlüsse und erkennen automatisch, an welchem Anschluss ein Bildsignal anliegt. Somit können ein privater PC und ein beruflicher Laptop mit zwei getrennten Kabeln parallel angeschlossen werden. Der Bildschirm zeigt – wenn er im Automatikmodus steht – stets das Bild von dem Rechner, der gerade in Betrieb ist.

2.3   Professionelle Homeoffice-Gestaltung

Im Büro haben die Räume normalerweise ein professionelles Ambiente und es gibt passend ausgestattete Meetingräume. Das Homeoffice hingegen ist Teil der privaten Wohnung und nicht immer ein professionell eingerichtetes Arbeitszimmer, sondern manchmal auch nur eine Ecke im Wohnzimmer, der Küche oder dem Bad (vgl. [15]). Aber auch eine solche kleine Fläche in der Wohnung lässt sich so ausstatten, dass die unterschiedlichen Bedürfnisse eines Arbeitstags abdeckt werden. Für die Videokonferenz mit dem Team, einen Videocall mit einem Kunden oder ein Online-Bewerbergespräch kann die passende Stimmung

Abb. 2.4 Adapter HDMI
auf DVI

Abb. 2.5 Adapter Mini-DisplayPort auf DisplayPort/DVI/HDMI/VGA

dadurch unterstützt werden, dass im Hintergrund nicht das Familienfoto oder das Geschirr zu sehen sind, sondern ein der Situation angemessener neutraler oder professioneller Hintergrund.

Viele Programme für Videokonferenzen ermöglichen es, den realen Hintergrund verschwinden zu lassen. Im einfachen Fall ist dies ein Weichzeichnen des Hintergrunds. Dadurch erscheint nur die Person scharf, der Hintergrund wirkt unscharf und lenkt weniger ab. Eine fortgeschrittenere Lösung ersetzt den Hintergrund durch ein beliebiges, auf dem Rechner gespeichertes Bild – sei es ein Konferenzraum, eine Landschaft oder ein hochwertig möbliertes, aufgeräumtes Wohnzimmer. Damit die Software den Hintergrund erkennen und durch das gewählte Bild ersetzen kann, sollte dieser einfarbig sein und sich farblich von der Kleidung der Person unterscheiden. Beste Resultate lassen sich erzielen, wenn der Hintergrund gleichmäßig grün ist. Hierzu platzieren Sie hinter dem Schreibtischstuhl eine entsprechende Leinwand (zum Aufstellen, an der Decke montiert oder vom Boden aufziehbar), ähnlich wie im Fernseh- oder Fotostudio (Chroma-Key-Leinwand, Green Screen). Setzen Sie sich nicht zu dicht vor die Leinwand, um Schatten zu vermeiden, aber dicht genug, damit die Webcam nicht auch Bereiche links und rechts des Green Screens erfasst. Wichtig ist weiterhin eine gute Ausleuchtung, idealerweise mit getrennten Leuchten für das Gesicht, die Leinwand und von oben. Wollen Sie den Aufwand reduzieren, können Sie sich auf eine Lichtquelle von schräg vorne/oben beschränken. Abb. 2.6 und 2.7 zeigen, wie ein entsprechender Heimarbeitsplatz gestaltet werden kann[4].

Das Wichtigste in Kürze

- Ergänzen Sie Laptop (oder PC) um Webcam und Headset oder Mikrofon mit guter Tonqualität.
- Fehlende Hardware kann kurzfristig gemietet werden (z. B. OttoNow, Grover, LiveRental).
- Achten Sie auf eine gute indirekte Beleuchtung.
- Wenn Sie mehrere Rechner nutzen, können Sie diese parallel an einen Monitor anschließen und eine Multi-Device-Tastatur/Maus abwechselnd für alle Geräte nutzen.
- Virtuelle Rechner lassen sich mit Amazon WorkSpaces, itopa Desktop-as-a-Service oder Microsoft Virtual Desktop realisieren. ◄

---

[4]Für weitere Details und Hinweise zur Hardware siehe [14].

Abb. 2.6 Technisch gut ausgestatteter Arbeitsplatz im Homeoffice (Foto: Martin Hund)

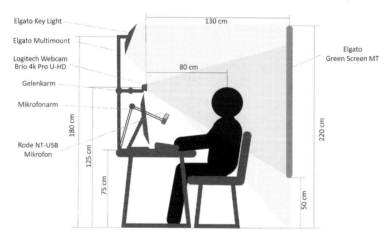

Abb. 2.7 Beispielhafter Aufbau eines Homeoffice-Arbeitsplatzes (Skizze: Martin Hund)

Konnektivität 3

Die Zusammenarbeit mit Kollegen, die Kommunikation mit Kunden und Geschäftspartnern, der Zugriff auf aktuelle Dokumente – all dies erfordert eine Netzverbindung für Sprach- und Datenkommunikation. Im Homeoffice ist dies meist ein DSL- oder Kabelanschluss, unterwegs Mobilfunk oder das WLAN-Netz im Hotel oder der Flughafenlounge.

3.1 Sprache/Telefon

Es ist sinnvoll, Privates und Berufliches voneinander zu trennen. Dies gilt auch für das Telefon. Mitarbeiter im Homeoffice sollten eine eigene Rufnummer für ihre Tätigkeit nutzen, sei es mit einem vom Arbeitgeber zur Verfügung gestellten Mobiltelefon oder mit einer Kommunikationslösung auf dem PC. Einige moderne Smartphones ermöglichen es, zwei SIM-Karten parallel zu benutzen. Damit benötigt der Anwender nur ein Telefon, auf dem er gleichzeitig mit privater und beruflicher Rufnummer zu erreichen ist.[1]

Für den spontanen oder gelegentlichen Einsatz sind Telefonkarten ohne lange Laufzeit und hohe Grundgebühren sinnvoll. So sind beispielsweise in allen Supermärkten Prepaid-Telefonkarten erhältlich, bei denen sich ein gewisses Volumen an Telefongesprächen und Daten für einen Monat wählen und voraus-

---

[1]Beachten Sie hierbei jedoch den Datenschutz, denn auch für private Zwecke installierte Apps können beispielsweise auf Unternehmensdaten, vertrauliche Informationen und personenbezogene Daten, die aus beruflichen Gründen auf dem Smartphone abrufbar sind, zugreifen.

© Der/die Herausgeber bzw. der/die Autor(en), exklusiv lizenziert durch Springer Fachmedien Wiesbaden GmbH, ein Teil von Springer Nature 2020
P. Bruhn, *Homeoffice und mobiles Arbeiten im Team effektiv umsetzen,*
essentials, https://doi.org/10.1007/978-3-658-30608-3_3

bezahlen lässt. Bei ausreichendem Guthaben verlängert sich die gewählte Option um einen weiteren Monat, andernfalls entfällt sie bis zur erneuten Aufladung. Für weniger als zehn Euro pro Monat erhalten Sie bereits eine Flatrate, die unbegrenzt viele Telefonate in das Fest- und Mobilfunknetz im Inland und einige Gigabyte Daten umfasst.

In Deutschland wird die Infrastruktur von drei Anbietern[2] bereitgestellt: Deutsche Telekom (T-Mobile), Vodafone und Telefónica O2. Alle im Handel angebotenen Eigenmarken und Tarife nutzen eines dieser Netze. Sofern Sie feststellen, dass der Mobilfunk-Empfang in Ihrem Homeoffice zu schwach ist, lohnt es sich, auf das Netz eines anderen Anbieters zu wechseln. Ihre vorhandene Rufnummer können Sie mitnehmen. Idealerweise überprüfen Sie die Netzabdeckung, bevor Sie sich für einen Tarif entscheiden. Hierfür können Sie die interaktiven Karten der Netzanbieter nutzen:

- T-Mobile: www.telekom.de/start/netzausbau
- Vodafone: www.vodafone.de/hilfe/netzabdeckung.html
- Telefónica O2: www.o2online.de/service/netzabdeckung

In Tab. 3.1 sehen Sie, welches Netz die bekanntesten Anbieter von Prepaid-Mobilfunktarifen nutzen.

Wenn Sie mit einem Laptop oder PC über das Mobilfunknetz in das Internet gehen möchten, haben Sie zwei Möglichkeiten. Sie können einen mobilen WLAN-Hotspot erwerben oder einen Mobilfunk-Stick mit USB-Anschluss (siehe Abb. 3.2). Weitere Hinweise dazu im Tipp in Abschn. 3.2. Für beide Varianten reicht es, wenn Sie einen reinen Datentarif erwerben.

3.1.1 Rufumleitung und Telefonanlage in der Cloud

Ein wichtiger Kommunikationskanal mit Kunden und Geschäftspartnern ist das Telefon. Rufen diese die Nummer an, die Sie auf Visitenkarten, Broschüren, Webseite und in anderen Kanälen kommuniziert haben, klingelt normalerweise das Telefon in Ihrem Büro. Was, wenn Sie aber nicht dort sind? Hier hilft im einfachsten Fall eine Rufumleitung.

---

[2]1&1 Drillisch wird in Zukunft als vierter Mobilfunk-Netzbetreiber in Deutschland agieren. Das Unternehmen hat im Juni 2019 Funkfrequenzen für das 5G-Mobilfunknetz ersteigert und baut ein eigenes 5G-Netz auf.

Tab. 3.1 Übersicht Prepaid-Anbieter in Deutschland

Prepaid-Angebot	Genutztes Netz
Aldi Talk	Telefónica O2
Blau	Telefónica O2
Congstar	T-Mobile
EDEKA smart	T-Mobile
FCB mobil	T-Mobile
Galeria mobil	Telefónica O2
ja! mobil	T-Mobile
Kaufland mobil	T-Mobile
Lidl Connect	Vodafone
MagentaMobil	T-Mobile
NettoKOM	Telefónica O2
Norma Mobil	Telefónica O2
Penny Mobil	T-Mobile
ROSSMANN mobil	Vodafone
Sipgate simquadrat	Telefónica O2
Tchibo Prepaid-Tarif	Telefónica O2

Quelle: [5] und eigene Recherche

Haben Sie lediglich einen Festnetzanschluss mit ein oder zwei Rufnummern, können Sie direkt am Endgerät eine Rufumleitung zu einer anderen Rufnummer – beispielsweise Ihrem Mobiltelefon – einrichten. Bei einem Festnetzanschluss von der Deutschen Telekom oder Vodafone nehmen Sie den Hörer ab, wählen *21*, dann die Rufnummer, auf die alle Anrufe weitergeleitet werden sollen, drücken die Rautetaste #, und legen nach der Bestätigung den Hörer wieder auf. Sind Sie nicht vor Ort, können Sie die Rufumleitung auch über das Internet einrichten:

- 1&1: control-center.1und1.de (siehe Abb. 3.1)
- Telekom: kundencenter.telekom.de
- Vodafone www.vodafone.de/meinvodafone

Haben Sie eine Telefonanlage installiert, kann die Rufumleitung darüber konfiguriert werden. Dies geschieht wahlweise direkt am angeschlossenen Telefon oder in der Konfiguration der Anlage. In einem solchen Fall werden die

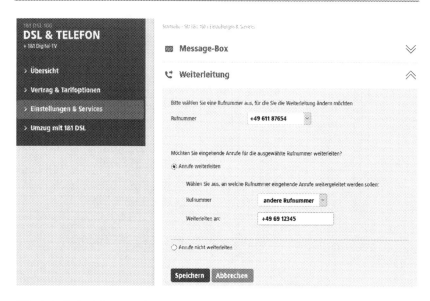

Abb. 3.1 Rufumleitung konfigurieren im 1&1 Control-Center

Abb. 3.2 USB-WLAN-Sticks und mobiler WLAN-Hotspot (rechts)

Anrufe nicht bereits in der Vermittlungsstelle auf die Zielrufnummer umgeleitet, sondern die Telefonanlage baut eine zusätzliche Verbindung zur Zielrufnummer auf und verbindet dann den eingehenden Anruf mit dem zusätzlich aufgebauten Anruf. Dies kann zu Engpässen führen, wenn nicht ausreichend externe Leitungen verfügbar sind, denn jeder so umgeleitete Anruf beansprucht zwei Leitungen.

Besonders komfortabel können Sie Ihre Erreichbarkeit sicherstellen, wenn Sie eine Telefonanlage in der Cloud nutzen, beispielsweise Sipgate team (www. sipgateteam.de). Solche Lösungen bieten Funktionen wie den Parallelruf. Sie können festlegen, dass eingehende Anrufe gleichzeitig auf allen oder nur bestimmten Endgeräten klingeln – egal, ob diese im Büro oder im Homeoffice stehen oder ob es sich um einen Laptop im Hotelzimmer handelt. So können Sie Anrufe auf Ihrer Büronummer weltweit entgegennehmen – ganz ohne Weiterleitungskosten. Auch Ihr Mobiltelefon kann zur vollwertigen Nebenstelle werden. Je nach Tageszeit und Wochentag können unterschiedliche Endgeräte klingeln. Eine Änderung der Einstellungen ist im Internet jederzeit möglich. Ausgehende Telefonate erfolgen bei einer Cloudlösung stets mit Ihrer gewohnten Rufnummer und zu dem vereinbarten Tarif, egal wo auf der Welt Sie sich befinden und welches Endgerät Sie nutzen. Sie müssen lediglich eine Verbindung ins Internet haben. Damit können Sie hohe Telefongebühren vermeiden, wenn Sie im Ausland sind.

> **Tipp: Zusätzliche Rufnummer im WLAN-Router einrichten** Nutzen Sie für Ihre Praxis, Ihre Kanzlei oder Ihr Büro einen Voice-over-IP-Anschluss (VoIP) wie beispielsweise Sipgate oder Easybell oder eine Cloud-Telefonanlage und haben Sie einen WLAN-Router wie AVM Fritzbox oder Telekom Speedport zu Hause, können Sie die berufliche Telefonnummer meist ganz einfach auch im Homeoffice nutzen. Rufen Sie dazu die Konfiguration Ihres WLAN-Routers auf[3], gehen Sie in den Bereich Telefonie/Rufnummern und wählen Sie den Menüpunkt „neue Rufnummer hinzufügen". Nach Auswahl Ihres beruflich genutzten Telekommunikationsanbieters geben Sie Telefonnummer oder Benutzerkennung und zugehöriges Kennwort ein. Anschließend wählen Sie noch, welches Ihrer Telefone klingeln soll, wenn diese

---

[3]Um die Router-Konfiguration aufzurufen, geben Sie bei Fritz-Routern von AVM im Browser https://fritz.box ein, bei Speedport-Routern der Telekom https://speedport.ip.

Rufnummer angerufen wird (sofern Sie mehrere Telefone nutzen).
Eine ausführliche Anleitung findet sich meist auf den Seiten Ihres
Anbieters.

3.2 Daten/Internet

Keine E-Mail, kein Dokumentenaustausch, keine Videokonferenz funktioniert
ohne Anschluss an das Internet. Im Jahr 2019 nutzten in Deutschland 99 % der
20–39-jährigen sowie 97 % der 40–49-jährigen und 92 % der 50–59-jährigen das
Internet (vgl. [23]), sodass nahezu jeder Haushalt mit einem Internetanschluss
versorgt ist. Dies ist meist ein Breitbandanschluss (DSL oder Kabel), an dessen
Ende ein Router angeschlossen ist, der die Verbindung zu einem Rechner per
Kabel oder drahtlos über WLAN herstellen kann. Die verfügbare Geschwindigkeit (Bandbreite) variiert jedoch stark. Während einige Haushalte mit mehreren
hundert Megabit[4] pro Sekunde (MBit/s) und erste bereits mit einem Gigabit pro
Sekunde (GBit/s) versorgt sind, kommen in anderen Regionen nicht mehr als
wenige Megabit pro Sekunde aus der Leitung.

▷   **Tipp: Internetgeschwindigkeit messen** Sie können die tatsäch-
    liche Datenübertragungsrate Ihres Breitbandanschlusses ganz einfach
    ermitteln. Hierzu gehen Sie auf die Seite www.breitbandmessung.de
    der Bundesnetzagentur und starten die Messung. Die Bundesnetz-
    agentur stellt auch Apps für iOS und Android zur Verfügung.

Die angegebene Geschwindigkeit eines üblichen DSL- oder Kabelanschlusses
bezieht sich stets auf den Download, also den Empfang von Daten. Beim Senden
von Daten (Upload) ist die Geschwindigkeit geringer. Der MagentaZuhause-50
DSL-Tarif der Deutschen Telekom bietet bis zu 50 MBit/s für den Download,
aber nur maximal 10 MBit/s im Upload. Angegeben ist stets die maximal mög-
liche Geschwindigkeit, in der Praxis kann die Datenübertragungsrate deutlich
darunter liegen. Ähnliches gilt für jedes WLAN. Die angegebene theoretische

---

[4]8 Bit ergeben 1 Byte. Dateigrößen sind meist in Byte angegeben. 1 Megabyte entsprechen 1024 Kilobyte oder 1.048.576 Byte oder 8.388.608 Bit. Bei einer Übertragungsgeschwindigkeit von 10 MBit/s dauert es somit rund eine Sekunde, bis 1 Megabyte
übertragen ist.

Übertragungsgeschwindigkeit ist nur unter Laborbedingungen erreichbar. Sie teilen sich die Funkfrequenzen mit Ihren Nachbarn, die ebenfalls WLAN einsetzen, und haben Verluste, je weiter Rechner und Router voneinander entfernt stehen. Nutzen Sie hingegen ein LAN-Kabel zur Verbindung von PC und Router, steht die Übertragungsgeschwindigkeit von 100 MBit/s oder 1 GBit/s weitgehend ungeschmälert zur Verfügung.

> **Tipp: Mobiles Internet** Auch über das Mobilfunknetz kann die Verbindung ins Internet herstellt werden, in gut versorgten Gebieten mit LTE auch mit hoher Bandbreite, die DSL-Anschlüssen vergleichbar ist. Achten Sie bei der Wahl des Mobilfunktarifs auf die monatlich enthaltene Datenmenge und Geschwindigkeit. Ist das Datenvolumen aufgebraucht, wird die Übertragungsgeschwindigkeit bis Monatsende erheblich reduziert, sofern Sie kein weiteres Datenvolumen hinzukaufen.
> Um Ihren Rechner mit dem Mobilfunknetz zu verbinden, gibt es mehrere Möglichkeiten
>
> * Sie richten auf Ihrem Smartphone einen persönlichen Hotspot ein. Verbinden Sie dann den Rechner wahlweise per WLAN oder Bluetooth mit dem Smartphone. Den persönlichen Hotspot aktivieren Sie in den Einstellungen Ihres Smartphones, siehe [11, 3].
> * Sie nutzen einen Surfstick (LTE-Stick), in den Sie die SIM-Karte einlegen (siehe Abb. 3.2) und den Sie dann in den USB-Anschluss Ihres Rechners stecken. Gerätepreis: ab 30 EUR.
> * Sie nutzen einen mobilen WLAN-Hotspot (siehe Abb. 3.2), in den Sie die SIM-Karte einlegen. Dieser stellt ein WLAN zur Verfügung, mit dem sich mehrere Rechner verbinden können. Gerätepreis: ab 60 EUR.
>
> Die Verbindung des Smartphones oder mobilen Hotspots mit dem Rechner wird als Tethering bezeichnet. Dies ist nicht in allen Mobilfunktarifen vertraglich erlaubt. Fragen Sie bei Abschluss eines Mobilfunktarifs explizit danach, ob Tethering zulässig ist.

Für die E-Mail-Kommunikation ist die Geschwindigkeit Ihres Internetanschlusses nebensächlich. Der Text einer E-Mail ist meist nur wenige Kilobyte groß und schnell übertragen. Angehängte Dokumente und Bilder können größer sein und einige Zeit benötigen, bis sie übertragen sind. Sobald die Anhänge auf dem lokalen Rechner angekommen und gespeichert sind, können Sie ohne Verzögerung damit arbeiten.

Bei Videokonferenzen wird für eine gute Bildübertragung eine Bandbreite von rund einem Megabit pro Sekunde in beide Richtungen benötigt. Für die Tonübertragung sind 0,1 MBit/s gut ausreichend, sodass bei langsamen Internetverbindungen eine Teilnahme normalerweise problemlos möglich ist – ggf. mit reduzierter Bildqualität, aber gut verständlichem Ton. Ist die Tonqualität nicht ausreichend, kann manchmal die Einwahl per Telefon helfen, wenn eine solche angeboten wird und der Anbieter genügend Kapazität für die telefonische Einwahl hat. Den PC nutzen Sie dann nur für das Videobild.

Bearbeiten Sie große Dokumente, können diese lokal auf Ihrem Rechner gespeichert und im Hintergrund mit der Cloud synchronisiert werden. Bei geringer Bandbreite kann es dann etwas dauern, bis Kollegen ebenfalls darauf zugreifen können.

Das Wichtigste in Kürze

- Prepaid-Telefonkarten aus dem Supermarkt sind kostengünstig und flexibel nutzbar.
- In Deutschland gibt es derzeit drei Mobilfunknetzbetreiber.
- Es gibt unterschiedliche Möglichkeiten, Anrufe umzuleiten oder Gespräche an anderen Orten entgegenzunehmen, beispielsweise Cloudtelefonanlagen wie Sipgate team.
- Der Internetzugang kann auch über das Mobilfunknetz erfolgen, hierfür benötigen Sie Smartphone, Surfstick oder mobilen WLAN-Hotspot. ◄

Software

4

Wer einen festen PC im Büro hat und daher zu Hause und unterwegs andere Rechner nutzt, kann nur dann sinnvoll remote arbeiten, wenn er auch auf den dann genutzten Rechnern die nötige Software zur Verfügung hat.

4.1 Office-Pakete

Für die Textverarbeitung, die Tabellenkalkulation oder die Erstellung von Präsentationen sowie für E-Mail und Kalender kommen meist Office-Pakete wie Microsoft Office (mit Word, Excel, PowerPoint und Outlook), Google G Suite (mit Google Docs, Tabellen und Gmail) oder LibreOffice (de.libreoffice.org) – eine freie Software, die kostenlos genutzt werden kann – zum Einsatz.

Traditionell wurde diese Software für einen einmaligen Betrag gekauft und dann auf dem PC lokal installiert. Mit der Software hat jeweils ein Benutzer ein Dokument erstellt und dieses bei Bedarf nach Ende der Bearbeitung anderen Personen zur weiteren Bearbeitung zur Verfügung gestellt.

In den letzten Jahren haben sich zwei wesentliche Änderungen ergeben:

- Statt einer Lizenz, die unbefristet genutzt werden darf und für die ein einmaliger Betrag entsprechend der Anzahl der genutzten Rechner zu zahlen ist, bieten die Hersteller heute Lizenzen an, deren Kosten von der Anzahl der Benutzer abhängt, und die auf monatlicher oder jährlicher Basis abgerechnet werden. Statt einem unbefristeten Nutzungsrecht wird ein Abonnement, also ein befristetes Nutzungsrecht, angeboten (Miete statt Kauf). Während der Vertragslaufzeit kann stets die aktuelle Version der Software genutzt werden, Updates erfolgen regelmäßig und kostenfrei.

© Der/die Herausgeber bzw. der/die Autor(en), exklusiv lizenziert durch Springer Fachmedien Wiesbaden GmbH, ein Teil von Springer Nature 2020 P. Bruhn, *Homeoffice und mobiles Arbeiten im Team effektiv umsetzen,* essentials, https://doi.org/10.1007/978-3-658-30608-3_4

- Die Software ermöglicht die gleichzeitige Bearbeitung von Dokumenten durch mehrere Personen. Die Ablage der Dokumente erfolgt in der Cloud statt auf einem lokalen Laufwerk, sodass der Benutzer auf allen Rechnern, an denen er sich anmeldet, Zugriff auf seine Dokumente in der jeweils aktuellen Version hat. Anstatt Software lokal zu installieren, kann die Arbeit an den Dokumenten direkt im Browser oder in der App auf Mobilgeräten erfolgen.

Microsoft hat in der Vergangenheit seine Kaufprodukte unter Namen wie Office 2013, Office 2016 bzw. Word 2016, Excel 2010 usw. angeboten. Inzwischen sind fast ausschließlich Abonnements erhältlich, diese heißen in der Version für Unternehmen Microsoft 365 Business[1] (www.microsoft.com/de-de/microsoft-365).

Die G Suite von Google (gsuite.google.com) ist seit Beginn so gestaltet, dass die Programme direkt im Browser laufen und keine Installation erfordern. Dies hat viele Vorteile, funktioniert aber ideal nur mit einer stabilen Internetverbindung. Das vorübergehende Offline-Arbeiten ist – mit Einschränkungen – möglich. Bei Microsoft ist die Situation umgekehrt. Wer hier die App oder den Browser nutzt, findet dort nicht alle Funktionen, die in der lokal installierten Software nutzbar sind.

Nutzen Sie Microsoft 365 Business oder Google G Suite, haben Sie ideale Voraussetzungen für die Arbeit im Homeoffice und unterwegs. Denn dann haben Sie eine sehr einfache Möglichkeit, alle Daten in der Cloud zu speichern und von verschiedenen Rechnern aus an Ihren Dokumenten zu arbeiten, ohne mühsam manuell Dateien von einem Rechner zum anderen transferieren zu müssen. Alle Ihre Daten können auf Microsoft OneDrive oder Sharepoint bzw. Google Drive oder Google One in der Cloud gespeichert werden und sind überall zugreifbar für Sie und Kollegen, die die nötige Berechtigung besitzen. Microsoft und Google stellen Ihnen eine gewisse Menge Speicherplatz in der Cloud zur Verfügung, den Sie nicht getrennt erwerben müssen. Beachten Sie aber hier die datenschutzrechtlichen Aspekte (siehe Abschn. 6.5) und nutzen Sie ggf. eine zusätzliche Verschlüsselung. Gleichzeitig bieten die Office-Pakete integrierte Kommunikationslösungen für Chat und Videokonferenz oder zum Projektmanagement.

Sollten Sie den Cloudspeicher von Microsoft oder Google nicht nutzen, finden Sie in Abschn. 5.5 weitere Lösungen zum Speichern Ihrer Daten in der Cloud, auch zu Lösungen von deutschen Anbietern wie Strato HiDrive.

---

[1]Bis 20.04.2020 lautete der Produktname Office 365 Business.

▶ **Tipp: Microsoft 365-Lizenz auf mehreren Rechnern nutzen** Nutzen Sie Microsoft 365 Business (bisher: Office 365 Business) von Microsoft, kann jeder lizensierte Nutzer die Office-Anwendungen auf bis zu fünf PCs oder Macs installieren, ohne dass weitere Kosten entstehen. Zusätzlich darf die Mobil-Version auf fünf Smartphones und fünf Tablets installiert werden.

4.2 Branchensoftware

Neben Office-Paketen kommen in Unternehmen auch eine Vielzahl an speziellen Softwarelösungen zum Einsatz, beispielsweise für die Buchführung, die Auftragsbearbeitung, Gehaltsabrechnung oder die Kundenverwaltung. Moderne Lösungen wie Salesforce für das Kundenbeziehungsmanagement (CRM) sind vollwertige Cloudangebote, bei denen weder Daten noch Anwendung auf dem lokalen Rechner gespeichert, sondern weltweit verfügbar sind.

Daneben ist häufig Software im Einsatz, die eine lokale Installation auf einem Rechner erfordert (und deren Lizenz meist an diesen Rechner gebunden ist) und deren Daten lokal (ggf. auf Servern im unternehmensinternen Netzwerk) gespeichert sind. Solche Anwendungen sind somit nur an dedizierten Rechnern innerhalb des Firmennetzes nutzbar. Damit an anderen Orten zu arbeiten ist nicht vorgesehen.

Eine Möglichkeit, diese Software trotzdem von einem anderen Rechner und Ort aus zu nutzen, ist der Einsatz von Fernwartungssoftware. Damit ist es möglich, den Bildschirminhalt des Büro-PCs beispielsweise auf dem Rechner im Homeoffice anzuzeigen und die Tastatureingaben und Mausbewegungen des Benutzers im Homeoffice an den PC im Büro zu übermitteln, also den Rechner aus der Ferne zu bedienen. Häufig kommt solche Software zum Einsatz, wenn Mitarbeiter des IT-Supports Zugriff auf Anwenderrechner benötigen, um aus der Ferne Hilfe zu leisten. Sie kann aber auch dazu dienen, dass Sie Ihren Rechner mit der darauf installierten Software aus dem Homeoffice oder von unterwegs aus nutzen. Damit haben Sie auf die gleichen Daten und Anwendungen Zugriff wie im Büro.

▶ **Tipp: Bürorechner mit TeamViewer fernsteuern** Das 2005 gegründete deutsche Unternehmen TeamViewer AG, welches im September 2019 an die Börse gebracht wurde, bietet mit TeamViewer

(www.teamviewer.de) eine Fernwartungssoftware an, die sehr einfach nutzbar ist. Konfigurieren Sie diese so, dass sie stets mit Windows
gestartet wird und einen einfachen Zugriff gewährt, d. h. mit Ihrem
TeamViewer-Konto verknüpft ist. Dann können Sie sich jederzeit spontan von unterwegs mit Ihrem Rechner im Büro verbinden
(sofern dieser eingeschaltet ist). Dies funktioniert sowohl mit jedem
anderen PC oder Laptop mit der TeamViewer-Software als auch mit
der TeamViewer-App auf Smartphone und Tablet. Die private, nicht-
kommerzielle Nutzung ist kostenfrei, für den Einsatz im Unternehmen
müssen Sie eine Lizenz erwerben. Ein alternatives Produkt ist LogMeIn
(www.logmein.com).

Das Wichtigste in Kürze

- Moderne Softwarelösungen wie Google G Suite oder Microsoft 365 sind von jedem Rechner mit Internetzugang aus nutzbar.
- Die Daten werden dafür in der Cloud gespeichert.
- Anwendungen, die nicht Cloud-fähig sind, können aus der Ferne gesteuert werden (z. B. mit TeamViewer oder LogMeIn). ◀

Anwendungen für die Team-Zusammenarbeit

5

Wenn nicht alle beteiligten Personen am gleichen Ort sind, ist es entscheidend, dass die Kommunikation mit Kollegen und Kunden trotzdem umfassend und störungsfrei erfolgt. Die wichtigsten Arbeitsmittel hierfür und deren sinnvoller Einsatz werden im Folgenden erläutert.

5.1 Telefonkonferenz

Eine einfache und häufig genutzte Kommunikationsform ist die Telefonkonferenz. Hierbei sind alle Teilnehmer telefonisch miteinander verbunden. Dazu wählen die Teilnehmer die Rufnummer des jeweils genutzten Dienstleisters, geben eine Ziffernfolge ein, um den virtuellen Konferenzraum auszuwählen, und ggf. eine weitere Ziffernfolge als Kennwort (Dial-in).

> ▶ **Tipp: Einer Telefonkonferenz bequem vom Mobiltelefon aus beitreten** Wenn Sie zu einer Telefonkonferenz einladen oder eingeladen werden, für die die Einwahlnummer (0611) 2345 lautet, die Konferenzraumnummer 6666 und das Kennwort 987, dann tragen Sie im Termin als Ort +496112345,6666#,987# ein. Wenn der Termin ansteht und Ihr Kalender Sie an den Beginn erinnert, klicken Sie lediglich auf Ihrem Mobiltelefon auf diese Ziffernfolge. Die Einwahlnummer wird gewählt und die Zugangsnummern automatisch eingegeben. Durch die Nutzung der Landeskennziffer +49 für Deutschland funktioniert dies im Ausland genauso wie im Inland. Ein Komma in der Rufnummer sorgt dafür, dass Ihr Smartphone eine kurze Pause macht, bevor es die weiteren Ziffern sendet. So kommt zunächst die Verbindung zustande,

bevor die weiteren Ziffernfolgen übermittelt werden. Falls längere Pausen erforderlich sind, bevor das Konferenzsystem für Tastentöne empfangsbereit ist, können auch zwei oder mehr Kommas hintereinander genutzt werden.

Daneben besteht auch die Möglichkeit, dass die Teilnehmer vom Konferenzdienst angerufen werden (Dial-out). Dies hat den Vorteil, dass alle Teilnehmer zu Konferenzbeginn gleichzeitig angerufen werden und somit die Pünktlichkeit steigt. Stellen Sie aber trotzdem den Teilnehmern Zugangsdaten bereit für den Fall, dass sie später (erneut) beitreten, weil sie den Anruf nicht entgegengenommen oder die Konferenz vorübergehend verlassen haben. Beachten Sie aber, dass Dial-out oft signifikant höhere Kosten (mehrere Cent pro Minute und Angerufenem) verursacht, die dem Auftraggeber in Rechnung gestellt werden.

Auch können Sie bei einigen Anbietern bei Bedarf einen Moderator oder Dolmetscher hinzubuchen, die Konferenz aufzeichnen und sich Teilnehmerstatistiken erstellen lassen. Anbieter sind beispielsweise die Deutsche Telekom (konferenzen.telekom.de) und meetyoo (www.meetyoo.com) mit einem sehr professionellen und umfangreichen Angebot, Globafy (www.globafy.com) mit einem einfach nutzbaren kostenlosen Angebot und easyAudio (www.easy-audio. de) mit einem ohne Anmeldung nutzbaren Angebot für 9 Cent pro Minute.

▶ Achten Sie auf Kostenfallen. Konferenzdienste, bei denen Sie als Veranstalter eine monatliche Gebühr zahlen, stellen meist Einwahlrufnummern bereit, die mit einer Telefonie-Flatrate kostenlos angerufen werden können, oder die grundsätzlich gebührenfrei sind (0800-Rufnummer). Konferenzdienste, die mit kostenlosen Telefonkonferenzen werben, können sich durch kostenpflichtige Rufnummern finanzieren. Eine Verbindung zu Rufnummern, die mit 0180 oder 0900 starten, kostet auch bei Nutzung einer Flatrate eine Gebühr pro Minute. Es gibt aber auch Konferenzdienste, die über geografische Festnetzrufnummern realisiert werden, beispielsweise (030) 25558678, aber nicht in allen Flatrates enthalten sind. Einige Anbieter berechnen trotz Telefonie-Flatrate dafür minutenabhängige Gebühren, 1&1 beispielsweise 2,9 Cent pro Minute für diese Rufnummer laut [1].

Wenn Sie spontan eine kleine Telefonkonferenz starten möchten oder bei einem laufenden Telefonat weitere Teilnehmer hinzunehmen möchten, ist dies sehr ein-

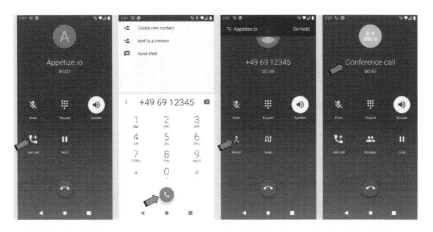

Abb. 5.1 Telefonkonferenz mit dem Android-Smartphone

fach möglich. Auf Ihrem Mobiltelefon sehen Sie während eines laufenden Telefonats einen Knopf „Anruf hinzufügen". Sie können dann eine weitere Person anrufen, das andere Gespräch wird so lange gehalten. Mit Klick auf „Konferenz" sind Sie dann mit den beiden Gesprächspartnern in einer Konferenz verbunden (siehe Abb. 5.1). Sie können meist bis zu 5 Personen in einer Konferenz zusammen schalten.

Bei Festnetztelefonanschlüssen ist oftmals eine Dreierkonferenz möglich. Hierzu drücken Sie während des Gesprächs die R-Taste auf Ihrem Telefon und wählen dann die Rufnummer des zweiten Gesprächspartners. Sobald Sie mit diesem verbunden sind, drücken Sie erneut die R-Taste und dann die Ziffer 3. Alle drei Gesprächspartner sind nun zusammengeschaltet.

Nutzen Sie eine Telefonanlage, können Sie darüber eine Konferenz schalten. Die Anzahl der Teilnehmer ist meist durch die Anzahl der gleichzeitig nutzbaren Leitungen begrenzt.

Eine Alternative zu den hier beschriebenen Möglichkeiten ist die Nutzung einer Webkonferenz (siehe Abschn. 5.2), bei der es meist ebenfalls eine Einwahlmöglichkeit per Telefon gibt. Somit können sich einige oder alle Teilnehmer per Telefon einwählen, eine Onlineteilnahme ist nicht erforderlich.

5.2   Webkonferenz

Die Kommunikation zwischen Menschen beschränkt sich nicht nur auf den sachlichen Austausch von Informationen. Die Kommunikationspsychologie nutzt das sogenannte Eisbergmodell zur Erklärung, wie Menschen miteinander kommunizieren. Von einem Eisberg sind nur zehn bis zwanzig Prozent sichtbar, der bedeutendere Teil befindet sich unterhalb der Wasseroberfläche.

Bei der menschlichen Kommunikation unterscheidet man die Sachebene, die durch verbale Kommunikation erfolgt, und die Beziehungsebene, die nonverbal stattfindet. Die Sachebene entspricht dem sichtbaren Teil des Eisbergs, die Beziehungsebene den 80 bis 90 % Informationen unterhalb der Wasseroberfläche.

Für eine erfolgreiche Kommunikation ist es daher wichtig, diese nicht auf die verbale Kommunikation zu beschränken, wie es bei einem Telefonat der Fall ist. Mimik und Gestik übermitteln viele Informationen, die der Beziehungsebene zugerechnet werden. Ist der Gesprächspartner nicht nur zu hören, sondern auch als Video zu sehen, sind Mimik und Gestik erkennbar.

Wenn Teammitglieder es nicht gewohnt sind, remote zusammenzuarbeiten, Umstände wie die Corona-Pandemie sie aber plötzlich dazu zwingen, ist dies herausfordernd für den Zusammenhalt. Viele Teams haben sehr positive Erfahrungen damit gemacht, Videokonferenz auch für soziale Momente zu nutzen, sich beispielsweise zum gemeinsamen Mittagessen oder zu einem Plaudern bei Kaffee in der Küche zu verabreden. Auch wenn solche virtuellen Treffen zunächst ungewohnt sind, belegen viele positive Erfahrungsberichte, dass diese ein wichtiges soziales Bindeglied im Team sein können.[1]

Videokonferenzen lassen sich mit wenig Aufwand und Kosten mit fast jedem Endgerät durchführen, sei es der PC (mit zusätzlicher Webcam), der Laptop (mit eingebauter oder externer Kamera) oder das Smartphone (stets mit Kamera ausgestattet). Für kleinere Besprechungsräume gibt es kompakte Raumsysteme, die sich für bis zu zehn Teilnehmer eignen, und professionelle Systeme für große Meetingräume. Einen Überblick finden Sie in [16].

Die schnellste Möglichkeit ist die Nutzung eines Webkonferenzdienstes, der im Browser abläuft. Es ist keine Softwareinstallation nötig. Der Benutzer ruft

---

[1]Die im Frühjahr 2020 von zahlreichen Unternehmen angebotenen Videokonferenzen mit sozialem Charakter haben großen Zuspruch erfahren. SAP hat ein „Live-Cooking" mit dem bekannten Koch Tim Mälzer durchgeführt, zu dem sich 3000 Mitarbeiter angemeldet haben, sowie ein virtuelles Weinseminar. Außerdem vermittelt die extra entwickelte App „Never Lunch alone" Treffen zum „digitalen" Mittagessen zwischen Kollegen (siehe [9]).

lediglich die Webseite des Anbieters auf, wählt dort „Konferenz beitreten" oder „Konferenz starten" aus. Wer eine Konferenz startet oder plant, bekommt eine Konferenzraumnummer (Meeting-ID) und ggf. ein Passwort[2] angezeigt sowie meist auch einen Link. Diese Informationen übermittelt er den Teilnehmern, womit diese der Konferenz beitreten können.

Alternativ wird eine kleine Software auf dem PC oder eine App auf dem Smartphone installiert. In der Regel erfolgt die Installation mit ein oder zwei Klicks, wenn man die Webseite aufruft, die man mit der Einladung erhält. Werden Sie zu einer Webkonferenz eingeladen, empfiehlt es sich, den Link bereits bei Erhalt oder spätestens einige Minuten vor Start der Konferenz anzuklicken. Die Softwareinstallation kann dann bereits vorab erfolgen, sodass später der Beitritt zur Konferenz ohne Zeitverzug erfolgt. Auf Firmenrechnern empfiehlt es sich, dass die IT-Abteilung die entsprechende Software zentral installiert, zumal Anwender hier nicht immer die nötigen Rechte als Administrator besitzen, um selbst Software zu installieren.

Wenn Sie Konferenzsoftware nutzen, schieben Sie das Fenster mit den Gesprächsteilnehmern auf dem Bildschirm möglichst direkt unter die Kamera. Dann schauen Sie beim Betrachten der anderen Teilnehmer in Richtung der Kameralinse und können besser Blickkontakt halten. Wenn Sie ein Headset nutzen, wählen Sie in den Audioeinstellungen das Headset als Mikrofon und Lautsprecher aus und nicht Webcam und Monitorlautsprecher.

Die Nutzung von Webkonferenzdiensten ist im Frühjahr 2020 sprunghaft gestiegen, weil große Teile der Büromitarbeiter vorübergehend aus dem Homeoffice gearbeitet haben. Das in kürzester Zeit stark gestiegene Datenvolumen ist eine besondere Herausforderung für die Anbieter und die Netzbetreiber. Oftmals wurde die Videoqualität temporär reduziert, um das Datenvolumen zu reduzieren. Eine besonders hohe Nutzung und gleichzeitig einen sehr stabilen Betrieb hatte der amerikanische Anbieter Zoom (www.zoom.us), der einfach nutzbar ist, einen großen Funktionsumfang bietet, und für Meetings bis 100 Teilnehmer und 40 min Dauer kostenlos nutzbar ist.

▷ **Tipp: Engpässe bei Webkonferenzen vermeiden** In Zeiten der Corona-Pandemie sind viele Anbieter zu Spitzenzeiten an ihre Kapazi-

---

[2]Aus Sicherheitsgründen empfiehlt es sich, stets ein Passwort zu nutzen. Andernfalls können ungebeten Gäste durch einfaches Erraten von Meeting-IDs einer Konferenz beitreten (Zoombombing genannt, vgl. [18]).

Abb. 5.2 Videokonferenz mit Microsoft Teams (Screenshot: Microsoft)

tätsgrenzen gelangt. Um diesen Engpässen zu entgehen, hilft es, Web-konferenzen nicht zur vollen Stunde zu starten, sondern den Start beispielsweise auf 8:50 Uhr statt auf 9:00 Uhr zu legen.

Microsoft 365 Business (zuvor Office 365 Business) enthält die Anwendung Teams (www.microsoft.de/teams). Diese ermöglicht ebenfalls eine Video-konferenz für bis zu 10.000 Teilnehmer (siehe Abb. 5.2). Sofern Sie Microsoft 365 bereits nutzen, können Sie ohne weitere Kosten Videokonferenzen mit Teams durchführen. Dies haben viele Menschen insbesondere in Gebieten, die stark von der Corona-Pandemie betroffen waren, getan. Microsoft verzeichnete in Italien einen Anstieg der Nutzung um 775 % innerhalb eines Monats (vgl. [28]) und weltweit eine Verdopplung der Nutzerzahlen von 20 Mio. im November 2019 auf 44 Mio. im März 2020 (vgl. [27]), was zeitweise zur Überlastung führte (vgl. [6]).

Eine weitere bekannte Webkonferenzlösung von Microsoft ist Skype for Business[3]. Microsoft hat 2017 angekündigt, dass Skype for Business durch Microsoft Teams ersetzt wird. Seit September 2019 ist Skype for Business für neue Kunden nicht mehr erhältlich, bestehende Kunden können es bis zum 31. Juli 2021 nutzen (vgl. [26]).

Google bietet mit Google Meet (meet.google.com) eine schnell im Browser nutzbare Lösung. Cisco hat mit Webex (www.webex.com) eine sehr funktionsreiche, aber auch teure Lösung im Angebot, genauso wie GoToMeeting (www.gotomeeting.com).

Wer den US-amerikanischen Anbietern kein Vertrauen schenkt und seinen eigenen Videokonferenzdienst betreiben will, findet auf www.jitsi.org eine kostenfrei nutzbare Open-Source-Lösung. Die Wire Swiss GmbH (www.wire.com) bietet eine hochsichere europäische Lösung.

Alle Lösungen ermöglichen es, nicht nur die anderen Teilnehmer zu sehen und zu hören. Es können auch Präsentationen gezeigt und Bildschirminhalte geteilt werden. Somit sehen alle Teilnehmer den Bildschirm eines Kollegen. Dies ist für die Zusammenarbeit sehr hilfreich.

> ▶ **Tipp: Sprachqualität bei Webkonferenzen erhöhen** Wenn die Internetverbindung langsam und die Dienste überlastet sind, kann es zu Bild- und Tonstörungen kommen. Während ein Video, welches sich vorübergehend in ein Standbild verwandelt, die Kommunikation wenig stört, können Aussetzer beim Ton eine starke Beeinträchtigung darstellen. In einem solchen Fall lohnt es sich, der Konferenz zusätzlich per Telefon beizutreten. Die Einwahlnummer wird meist mit der Einladung verschickt und lässt sich auch während der Konferenz anzeigen. (Kostenfreie Angebote bieten oft keine telefonische Einwahlmöglichkeit.) Wichtig ist dann, Lautsprecher und Mikrofon am Rechner auszuschalten, um kein Echo zu erzeugen. Einige Webkonferenzlösungen bieten auch direkt die Option an, zusätzlich per

---

[3]Neben Skype for Business bietet Microsoft auch Skype an. Skype for Business adressiert Unternehmen, Skype Privatpersonen. Es sind technisch getrennte Lösungen. Microsoft kaufte 2011 Skype von eBay. Skype for Business hat Microsoft selbst entwickelt, frühere Produktnamen waren Lync und Office Communicator. 2015 erfolgte die Umbenennung in Skype for Business.

Telefon beizutreten. In diesem Fall synchronisiert die Software Anruf und PC, sodass dem vom Rechner aufgenommenen Videobild der per Telefon übertragene Ton zugeordnet wird.

5.3   E-Mail

Eine simple Form der Kommunikation ist die schriftliche Kommunikation. Während Telefon und Webkonferenz zur synchronen Kommunikation dienen, ist die schriftliche Kommunikation meist asynchron. Nachrichten werden zu einem späteren Zeitpunkt gelesen als geschrieben. Für den Empfänger hat dies den großen Vorteil, dass er den Zeitpunkt frei wählen kann, wann er die Nachricht liest, und nicht in seiner aktuellen Tätigkeit gestört wird.

Diesen Vorteil gilt es aber auch gezielt zu nutzen. Daher empfiehlt es sich, nicht ständig den Posteingang auf neue Nachrichten zu prüfen, sondern nur in definierten Zeitabständen, beispielsweise alle drei Stunden[4]. Insbesondere sollte die Benachrichtigung über neue Nachrichten ausgestellt werden, da dies unweigerlich zu einer Ablenkung führt und die aktuelle Tätigkeit unterbricht. Auch wenn die Aufmerksamkeit nur für eine Sekunde bei der eingehenden E-Mail ist, summiert sich der Zeitverlust durch die damit entstehende kurze geistige Blockade beträchtlich. Forschungsergebnisse zeigen, dass ein derartiges Umschalten zwischen Aufgaben bis zu 40 % der produktiven Zeit kosten kann (vgl. [24]).

▶   **Tipp: Benachrichtigung in Microsoft Outlook[5] deaktivieren** Um die Benachrichtigung über neu eintreffende Nachrichten zu deaktivieren, klicken Sie auf „Datei", „Optionen", „E-Mail" und entfernen dann die Häkchen im Bereich „Nachrichteneingang".

E-Mails werden vom und zum E-Mail-Server Ihres Unternehmens (Ihr elektronischer Unternehmens-Briefkasten) übertragen. Gerade kleinere Unternehmen betreiben

---

[4]Eine weitergehende Methode, die Produktivität beim Umgang mit E-Mails zu erhöhen, ist Yesterbox. Bei dieser von Tony Hsieh, dem CEO von Zappos, 2012 erstmals vorgestellten Idee finden nur die E-Mails vom Vortrag Beachtung, anstatt sofort zu reagieren (vgl. [12]).
[5]Outlook für Microsoft 365, Outlook 2019, Outlook 2016 oder Outlook 2013.

diesen E-Mail-Server oft nicht selbst, sondern nutzen hierfür Dienstleister wie Microsoft, Google, Ionos by 1&1 und andere. Deren E-Mail-Server sind von überall aus erreichbar und bieten meist zwei Zugriffsmöglichkeiten: 1. Ihr E-Mail-Programm wie Microsoft Outlook oder Ihre App auf dem Smartphone kann sich direkt mit dem Server verbinden. 2. Sie greifen ohne spezielle Software nur über einen Internet-Browser auf Ihr Postfach zu (Webmail). Wenn der E-Mail-Server vom Unternehmen selbst betrieben wird und innerhalb des Firmennetzes steht, sendet und empfängt er zwar E-Mails in das und aus dem gesamten Internet. Es kann aber sein, dass er so konfiguriert ist, dass der Zugriff auf das Postfach nur aus dem firmeninternen Netz heraus gestattet ist.

Oftmals ist auch eine Zugriffsmöglichkeit über das Web möglich (Webmail), bei einem Microsoft Exchange Mailserver nennt sich das beispielsweise Outlook on the Web oder zuvor Outlook Web App (OWA). Vielen Nutzern ist nicht bekannt, wie sie diese nutzen können, oder die Option wurde vom Administrator deaktiviert. Wenn die Notwendigkeit besteht, eine solche Zugriffsmöglichkeit zu schaffen, lohnt es sich, mit dem zuständigen Administrator zu sprechen. Bei Microsoft Exchange kann eine Aktivierung ohne viel Aufwand innerhalb von zwei Minuten erfolgen[6].

5.4 Kollaborative Arbeitswerkzeuge

E-Mail ist nach wie vor weit verbreitet. Die E-Mail-Flut kostet oft viel Zeit und ist wenig produktiv. Besser geeignet für die Kommunikation mit Kollegen und im Team sind spezielle kollaborative Arbeitswerkzeuge (Collaboration-Tools), die den Austausch von Kurznachrichten, das sog. Instant-Messaging, erlauben, Dokumentenaustausch und andere Projektwerkzeuge integrieren. Die Kommunikation wird in Collaboration-Tools wie Slack (www.slack.com) oder Microsoft Teams (www.microsoft.com/teams) in Gruppen (Channels, Teams) gegliedert. Diese Gruppen lassen sich frei organisieren. So können Gruppen für Abteilungen wie Marketing, Controlling oder IT gebildet werden, aber auch für alle Mitglieder eines Projekts. Innerhalb der Gruppen lassen sich dann weitere thematische Untergruppen (Foren) mit frei wählbaren Bezeichnungen anlegen, in denen die eigentliche Kommunikation stattfindet. Sie sind entweder allen Team-mitgliedern oder nur einem festgelegten Personenkreis zugänglich. Dort finden

---

[6]Eine Anleitung zur Aktivierung von Outlook on the Web finden Sie hier: [21].

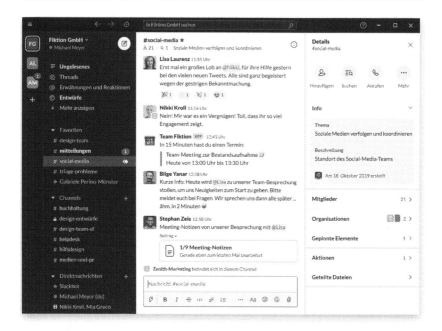

Abb. 5.3 Teamkommunikation in Slack

sich dann die einzelnen Beiträge (siehe Abb. 5.3). Reaktionen sollten stets als
Antwort auf den Beitrag und nicht als neuer Beitrag erstellt werden. Dann ist
alles, was thematisch zusammengehört, in einem sog. Thread gebündelt, und die
Übersicht bleibt erhalten. Meist hilft zusätzlich eine gute Suchfunktion, Konversationen wiederzufinden.

Für den Austausch zu weniger wichtigen Teilaspekten eines Themas
bietet sich die Nutzung der Chat-Funktion an, die den Austausch in einem
abgeschlossenen Raum zu zweit oder im kleinen Kreis ganz unabhängig von
Gruppen erlaubt. In Chat-Räumen gibt es keine getrennten Unterhaltungen.
Hier erscheinen alle Nachrichten chronologisch untereinander, oft mit farblicher
Markierung für die einzelnen Teilnehmer.[7]

Die Kommunikation verläuft meist nicht so förmlich wie in der E-Mail,
Anrede und Grußformeln entfallen. Als schnelle Reaktion auf einen Beitrag

---

[7]Weitere Hinweise, wie Microsoft Teams optimal genutzt werden kann, finden sich beispielsweise in [4].

werden gerne Emojis genutzt. Emojis sind stilisierte Bilder und Piktogramme, beispielsweise ein lächelndes Gesicht oder ein nach oben bzw. unten zeigender Daumen. Damit lässt sich schnell ein Stimmungsbild einholen, ohne sich durch eine Vielzahl von mühsam verfassten E-Mails arbeiten zu müssen.

Gerade bei der E-Mail-Kommunikation entstehen häufig Missverständnisse und Konflikte, wenn beispielsweise ironisch gemeinte Äußerungen nicht als solche erkannt werden. In der direkten persönlichen Kommunikation lässt sich die Ironie durch nonverbale Signale wie Tonfall und Gesichtsausdruck einfacher erfassen, außerdem sieht der Redner sofort die Reaktion des Zuhörers und merkt, wenn er missverstanden wurde. Dies fehlt der asynchronen schriftlichen Kommunikation. Die Nutzung von Emojis kann hier helfen, Gefühle, Stimmungslagen oder Ironie zu kennzeichnen.

Das bekannteste Instant-Messaging-Tool ist Slack. Der Name steht für „Searchable Log of All Conversation and Knowledge" (vgl. [12]) und bringt zum Ausdruck, dass ein solches Tool dabei hilft, Konversationen und Wissen im Unternehmen zu archivieren und auffindbar zu machen. Slack erhielt durch den Börsengang im Jahr 2019 viel Aufmerksamkeit[8].

Microsoft bietet mit Microsoft Teams eine ähnliche Plattform an, die Bestandteil von Microsoft 365 Business ist. Sowohl Slack als auch Teams erlauben die Integration einer Vielzahl anderer Tools, beispielsweise von Kanban-Boards (vgl. Abschn. 5.6).

> **Tipp: Microsoft Teams mit Externen nutzen** Microsoft Teams ist hervorragend zu nutzen, wenn es unternehmensweit zur Verfügung steht. Es nutzt dann das interne Adressbuch (LDAP-Verzeichnisdienst), sodass sich Mitarbeiter mit ihren gewohnten Accounts einloggen können. Es können aber auch Personen an der Kommunikation teilnehmen, für die kein Unternehmens-Account bereitsteht. Hierzu benötigen diese lediglich einen beliebigen, Office-unabhängigen Microsoft-Account, den Windows-Nutzer oftmals schon mit der Installation von Windows 10 erstellt haben. Falls nicht, lässt sich auf outlook.live.com schnell ein kostenloser Account einrichten. Wer für mehrere Unternehmen arbeitet, sollte beachten, dass man in Teams

---

[8]Die Bewertung beim Börsengang betrug USD 21 Mrd. Der Börsenprospekt von April 2019 weist über 10 Mio. aktive Nutzer aus, die für mehr als 600.000 Unternehmen aus 150 Ländern tätig sind.

zur selben Zeit immer nur bei einer Organisation angemeldet sein
kann – zum Wechseln muss man sich an- und wieder abmelden.

Wer besonderen Wert auf Datensicherheit legt, sollte sich Wire (www.wire.
com) von der Schweizer Firma Wire Swiss GmbH anschauen. Hier unterliegt
die Kommunikation höchsten Sicherheitsstandards, während sich Slack durch
Funktionsvielfalt und Integration mit vielen anderen Anwendungen auszeichnet.

5.5   Cloudspeicher und Dateiübertragung

In Unternehmen sind Dateien häufig auf Fileservern, d. h. auf Laufwerken
abgelegt, die von allen Rechnern im Firmennetzwerk erreichbar sind. Es ist
detailliert geregelt, welche Mitarbeiter oder Abteilungen Zugriff auf welche
Verzeichnisse haben. Außerhalb der Büroräume besteht kein Zugriff darauf. Es
besteht aber die Möglichkeit, dass auch Rechner, die sich außerhalb des Firmennetzes befinden, Zugang zum Firmennetz erhalten und somit auch auf die Dateien
auf den internen Fileservern sowie auf interne Informationsquellen wie das
Intranet zugreifen können. Hierzu wird ein sog. Virtual Private Network (VPN)
genutzt. Dieses verbindet beispielsweise den Laptop im Homeoffice mit dem
Firmennetz, indem eine verschlüsselte Verbindung (Tunnel) vom Laptop durch
das Internet zu einem Einwahlpunkt (VPN Gateway) im Unternehmen aufgebaut
wird.

Wenn Ihnen kein VPN zur Verfügung steht, bieten sich sog. Cloudspeicher-
dienste an. Hier erhalten Sie Speicherplatz auf einem Server des Anbieters, der
wie eine externe Festplatte genutzt werden kann. Dies geschieht entweder über
den Browser oder mit einer Software, die ein gewähltes Verzeichnis auf der
lokalen Festplatte mit dem Cloudspeicher synchronisiert. Zugriff auf den Cloudspeicher haben Sie von jedem Rechner, Tablet oder Smartphone, die an das Internet angeschlossen sind. Zugriffsrechte können dabei ganzen Teams gewährt
werden, um gemeinsam Dateien auszutauschen.

Bearbeiten Sie Dokumente an mehreren Rechnern oder mit mehreren
Personen, sollten Sie eine Lösung wählen, bei der das Dokument an einem Ort (in
der Cloud) liegt, auf den alle zugreifen können. Vermeiden Sie es, Dateien lokal
zu bearbeiten und dann per E-Mail oder USB-Stick auszutauschen. Es ergeben
sich schnell Inkonsistenzen, da nicht sichergestellt werden kann, dass jeder

Tab. 5.1 File Hosting-Anbieter

File Hosting-Anbieter	Speicherplatz (kosten-pflichtige Businessversion)	Empfehlung
Dropbox Business (www. dropbox.com/business)	5 Terabyte pro Team	Für Datenaustausch mit Externen, wenn Daten nicht vertraulich sind
Google Drive (www.google. com/drive)	Bis 5 Nutzer: 1 Terabyte pro Nutzer >5 Nutzer: unbegrenzt	Wenn Sie Google G Suite nutzen
Microsoft OneDrive for Business (www.microsoft. com/microsoft-365/onedrive-for-business)	1 Terabyte pro Nutzer	Wenn Sie Microsoft 365 oder Produkte der Office-Suite von Microsoft nutzen
Strato HiDrive Business (www.strato.de/cloud-speicher/hidrive-business)	1 Terabyte	Wenn Server in Deutschland und TÜV-Zertifizierung wichtig sind
OwnCloud (owncloud.org)	Beliebig	Wenn Sie Daten auf eigenen Servern speichern möchten
Tresorit Small Business (tresorit.com/de/businesses)	1 Terabyte	Für höchsten Daten-schutz (Ende-zu-Ende-Verschlüsselung, Server in Deutschland und der Schweiz)
WeTransfer (wetransfer.com)	1 Terabyte, bis zu 20 Giga-byte verschicken	Wenn Sie große Daten-mengen versenden möchten (insbesondere extern)

immer die aktuelle Version vorliegen hat und auch nur daran Änderungen vor-nimmt.

Speichern Sie stattdessen alle Daten in der Cloud. Es gibt zahlreiche Anbieter, die eine Online-Dateiablage, auch File Hosting genannt, anbieten. In Tab. 5.1 finden Sie eine Übersicht und eine Empfehlung, welcher Anbieter für welchen Einsatzzweck geeignet ist. Wer bereits ein Google-Konto oder ein Microsoft-Konto hat, hat automatisch Zugang zu Google Drive bzw. Microsoft OneDrive und kann einige Gigabyte kostenlos nutzen.

Cloudspeicher dienen meist dazu, von unterschiedlichen Rechnern auf zentral gespeicherte eigene oder Team-Dateien zuzugreifen. Sie lassen sich aber auch nutzen, um Dateien von einem Nutzer zu einem anderen zu übertragen, beispielsweise einem Kunden eine Datei zu übermitteln. Dazu ist die jeweilige Datei nach dem Hochladen in die Cloud für den jeweiligen Empfänger freizugeben. Man erhält dann einen Link (URL) angezeigt, den man dem Empfänger mitteilt. Dieser kann damit die Datei auf seinen Rechner herunterladen, ohne dass er ein eigenes Konto beim Cloudanbieter benötigt.

Einige Anbieter haben spezielle Lösungen für den Versand (großer) Dateien entwickelt. Diese funktionieren ähnlich, haben aber großzügigere Limits für die Dateigrößen und löschen oftmals die Dateien nach einem gewissen Zeitraum automatisch.

Viele Anbieter nutzen Rechenzentren in den USA. In Tab. 5.1 sehen Sie, welche Dienste die Daten in Deutschland speichern. Nutzen Sie die Tools, die von Ihrem Unternehmen freigegeben sind, oder sprechen Sie vorab mit dem Informationssicherheitsbeauftragten, bevor Sie neue Tools nutzen, um nicht gegen unternehmensinterne Compliance-Regeln zu verstoßen.

Die Übertragung der Dateien vom eigenen Rechner über das Internet zum Rechenzentrum des Anbieters und zurück erfolgt in der Regel verschlüsselt. Bei vielen Anbietern werden die Daten aber unverschlüsselt auf den Servern im Rechenzentrum gespeichert. Ein vollständiger Schutz erfordert eine sog. Ende-zu-Ende-Verschlüsselung. Diese bieten Tresorit und Strato HiDrive. Bei den meisten anderen Anbietern müssen Sie selbst für eine Verschlüsselung sorgen. Die einfachste Variante ist, die zu verschickende Datei in ein ZIP-Archiv zu verpacken[9] und dies mit einem Passwort zu versehen. Das Passwort sollten Sie dem Empfänger unbedingt auf einem anderen Kanal mitteilen, beispielsweise per Telefon.

Um alle Dateien, die Sie in einem Cloudspeicher ablegen, automatisch zu verschlüsseln, bevor diese übertragen werden, können Sie beispielsweise das Programm Boxcryptor (www.boxcryptor.com) nutzen. Selbst wenn jemand unberechtigt Zugriff auf die in der Cloud gespeicherten Dateien erhält, kann er deren Inhalt nicht lesen. Auf Wunsch lassen sich auch die Dateinamen verschlüsseln. Nutzen Sie unbedingt unterschiedliche Passwörter für den Cloudspeicher und die Verschlüsselung.

Wenn Sie es vermeiden wollen, dass Dritte involviert sind, und wenn Ihnen kein VPN zur Verfügung steht, bietet sich als Alternative der eigene Betrieb eines selbst verwalteten Cloudspeichers an. Zwei bekannte Lösungen dafür sind ownCloud (www.owncloud.org) und Nextcloud (www.nextcloud.com).

---

[9]Dies können Sie mit dem kostenfreien Programm 7-Zip (www.7-zip.de) machen.

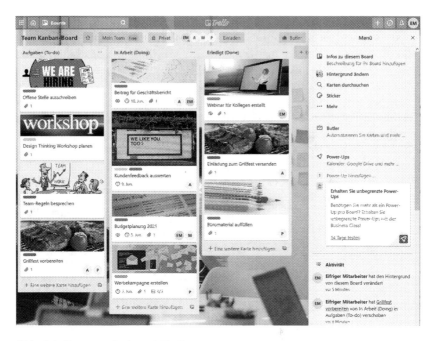

Abb. 5.4 Teamorganisation mit Trello

Egal, für welche Lösung Sie sich entscheiden: Vermeiden Sie es, Dateien per E-Mail zu versenden. Die vielen Versionen sorgen schnell für Unklarheit, wer wo die neueste Version hat. Oftmals werden Mails mit Anhängen ab einer gewissen Größe oder aus Sicherheitsgründen nicht zugestellt. Denn viele Computerviren verbreiten sich auf diesem Weg.

5.6 Digitales Kanban-Board

Bei der Zusammenarbeit im Team ist Transparenz darüber, welche Aufgaben zu erledigen sind und wer woran arbeitet, wichtig. Denn wenn nicht klar ist, was die Teammitglieder machen und was die Produktivität behindert, sinkt die Effizienz.

Daher gewinnt insbesondere in der agilen Projektarbeit in den letzten Jahren die Nutzung sogenannter Kanban[10]-Boards zunehmend an Popularität, um Teams dabei zu helfen, effizienter zu werden und herauszufinden, wo genau sich das Team verbessern muss. Hierbei wird der Arbeitsprozess visualisiert, indem Aufgaben auf Karten notiert und diese entsprechend ihres Status der jeweiligen Spalte des Kanban-Boards zugeordnet werden. Üblich sind (mindestens) die drei Spalten anstehende Aufgaben (to-do), Aufgaben in Bearbeitung (doing) und erledigte Aufgaben (done), siehe Abb. 5.4, oft ergänzt um einen vorgelagerten unsortierten Themenspeicher (Backlog). Die Aufgaben selbst werden gerne auf Post-It-Notizzetteln notiert und an das Kanban-Board im Projektraum geklebt. Sie wandern dann von links nach rechts auf dem Board. Durch diese Visualisierung bekommen die Teammitglieder jederzeit einen Überblick über den Status der Aufgaben, was Transparenz, Flexibilität und Motivation erhöht. Mitarbeiter und Projektleiter können leicht erkennen, wer woran arbeitet, was ansteht oder bereits bearbeitet wurde, und wie viel Zeit in bestimmte Aufgaben investiert wird. Teams schätzen sich immer besser ein und arbeiten dadurch produktiver, zufriedener und effektiver. Voraussetzung ist jedoch Vertrauen und eine respektvolle Arbeitsweise im Team, ferner muss sich die Arbeit in einzelne Schritte bzw. Aufgaben einteilen lassen.

Wenn Teams an unterschiedlichen Orten tätig sind, beispielsweise einzelne oder alle Team-Mitglieder tageweise oder längerfristig an einem anderen Standort oder im Homeoffice, bietet sich ein digitales Kanban-Board an, auf das die Teammitglieder von jedem Rechner weltweit aus Zugriff haben. Damit können einzelne Projektaufgaben einfach und schnell auf Mitarbeiter verteilt und mit Terminen versehen werden. Das macht die Arbeit der Teammitglieder für alle transparent und hilft bei der optimalen Steuerung und Zeitplanung.

Häufig genutzte Tools sind Trello (www.trello.com) und Asana (www.asana. com). Microsoft bietet mit Planner (www.microsoft.com/de-de/microsoft-365/ business/task-management-software) ein Tool an, welches Bestandteil von Microsoft 365 Business ist und sich direkt in Microsoft Teams integriert. Es ist nicht so leistungsfähig wie die vorgenannten Tools, jedoch ohne Aufpreis nutzbar, wenn bereits ein Microsoft 365 Business-Abonnement besteht.

Als deutscher Anbieter bietet die MeisterLabs GmbH das Tool MeisterTask (www.meistertask.com) an. MeisterTask entspricht vollständig der europäischen

---

[10]*Kanban* ist eine aus dem Toyota Production System (vgl. [29]) entstandene Arbeitsmanagement-Methode, die auch beim Lean Management zum Einsatz kommt (vgl. [31]).

Datenschutzgrundverordnung, die Server befinden sich in einem ISO 27001-zertifizierten Rechenzentrum in Frankfurt am Main. Wem dies wichtig ist, findet in MeisterTask ein leistungsfähiges Produkt.

5.7 Drucken und scannen oder digital signieren

Das papierlose Büro wurde schon oft prophezeit. Trotz der zunehmenden Digitalisierung sinkt die Anzahl der gedruckten Seiten in den letzten Jahren jedoch kaum. Insbesondere vertragliche Regelungen werden meist mit eigenhändiger Unterschrift auf einem Papierdokument versehen, aber auch viele unternehmensinterne Vorgänge – sei es die Reisekostenabrechnung, der Urlaubsantrag, eine Rechnungsfreigabe oder eine Bestellanforderung – erfolgen nach wie vor papierbasiert. Dies ist insbesondere dann problematisch, wenn die beteiligten Personen nicht am gleichen Ort sind, wenn beispielsweise Mitarbeiter, Vorgesetzter und Buchhalter in ihrem Homeoffice sitzen und papierbasierte Dokumente nicht schnell und einfach untereinander austauschen können.

Der Gesetzgeber hat bereits im Bürgerlichen Gesetzbuch die Voraussetzungen geschaffen, um auf Papier in den meisten Fällen verzichten zu können:

§ 126 BGB

(3) Die schriftliche Form kann durch die elektronische Form ersetzt werden, wenn sich nicht aus dem Gesetz ein anderes ergibt.

Bei der Gestaltung unternehmensinterner Prozesse obliegt es dem Unternehmen, ob und welche elektronischen Formen genutzt werden. Zu den wenigen Ausnahmen gehört die arbeitsrechtliche Kündigung, bei der genauso wie bei Bürgschaftserklärungen die schriftliche Form nicht durch die elektronische Form ersetzt werden kann.

Die am schnellsten umsetzbare und für den Arbeitsalltag oftmals ausreichende Variante, Dokumente mit Unterschrift elektronisch auszutauschen, ist das Einscannen eines unterschriebenen Papierdokuments. Ideal für das gelegentliche Scannen zu Hause oder unterwegs sind sehr kompakte Scanner wie der ScanSnap S1100i von Fujitsu, die nur wenige Zentimeter hoch und tief sind und weniger als ein halbes Kilogramm wiegen, für häufigeres Scannen beispielsweise der ScanSnap iX1500. Aber auch mit dem Smartphone lassen sich hervorragend Dokumente digitalisieren. Microsoft bietet mit Office Lens eine kostenlose App, die auch schrittweise in die anderen Microsoft-Apps integriert wird. Die leistungsfähigste App ist ScanPro (bisheriger Name: Scanbot), die allerdings nur in der Basisversion kostenlos ist. Adobe Scan ist weniger komplex. Alle diese Apps sind darauf spezialisiert, Dokumente zu scannen, und liefern deutlich bessere Ergebnisse, als wenn Sie ein normales Foto mit der Kamera-Funktion des Smartphones aufnehmen.

> **Tipp: Optimale Scanergebnisse mit dem Smartphone erzielen**

- Legen Sie das Dokument flach auf den Tisch.
- Sorgen Sie für eine gleichmäßige Beleuchtung ohne Schatten und Reflexe.
- Nutzen Sie eine spezielle App zum Dokumente scannen und nicht die Kamerafunktion.
- Wählen Sie die Einstellung „Dokument" und nicht „Foto" in der App.
- Wählen Sie die Einstellung schwarz-weiß, wenn Sie keine Farbe benötigen (bei Office Lens und ScanPro unter „Filter" nach der Aufnahme zu finden).
- Nutzen Sie die Möglichkeit, das Dokument nach dem Scannen zuzuschneiden, um nur das Dokument, nicht aber den Tisch mit auf dem Bild zu haben.
- Als Dateiformat eignet sich am besten „PDF" – dies ermöglicht auch mehrseitige Dokumente.
- Mit der Funktion „OCR" (Optical Character Recognition) erfolgt eine Texterkennung, also die Umwandlung eines Bildes in einzelne Buchstaben und damit in ein editierbares oder durchsuchbares Dokument. Dies erfolgt oft in der Cloud auf Servern des App-Herstellers, beachten Sie hierbei den Datenschutz.

Ersparen Sie sich den Umweg, Dokumente auszudrucken, zu unterschreiben und zu scannen, indem Sie Dokumente direkt am PC unterschreiben. Wenn Sie ein PDF-Dokument zur Unterschrift erhalten, können Sie beispielsweise im kostenfreien Programm „Adobe Acrobat Reader" die Funktion „Ausfüllen und unterschreiben" nutzen. Wenn Sie dann „Initialen hinzufügen" wählen, können Sie Ihre Unterschrift mit der Maus oder einem Stift auf dem Touchdisplay zeichnen. Bessere Ergebnisse erzielen Sie, wenn Sie Ihre Unterschrift vorab einscannen und die eingescannte Grafik dann unter „Bild" auswählen. Zukünftig reicht ein Klick auf „Unterschreiben", und Sie können Ihre Unterschrift frei auf dem Dokument platzieren und dieses dann speichern und versenden.

All diese Varianten entsprechen jedoch nicht einer qualifizierten elektronischen Signatur im Sinne des Vertrauensdienstegesetz (früher: Signaturgesetz) und der eIDAS-Verordnung (electronic **ID**entification, **A**uthentication and trust **S**ervices) des Europäischen Parlaments und des Rates, sind gleichwohl in der Praxis gerade für unternehmensinterne Prozesse oftmals ausreichend, da nur in wenigen Fällen die gesetzliche Schriftform erforderlich ist.

Prozesse werden jedoch erst dann effizienter, wenn nicht Dokumente manuell mit einer Unterschrift versehen werden, sei es durch Drucken und Scannen oder direkt am PC, sondern wenn das Signieren im Rahmen eines elektronischen Workflows erfolgt. Hierbei übernimmt eine Software die Verteilung des Dokuments an die beteiligten Parteien, ermöglicht diesen das Signieren, überwacht den Rücklauf, erinnert bei Bedarf an das Signieren, wenn es nicht fristgerecht erfolgt, und erstellt automatisch ein Dokument mit allen Signaturen. Eine professionelle Lösung aus Deutschland ist DocuSign (www.docusign.de). Wer nicht mehr als drei Dokumente im Monat signieren lassen will und für wen ein US-Anbieter infrage kommt, kann die kostenfreie Basisversion von Hellosign (www.hellosign.com) nutzen.

Das Wichtigste in Kürze

- Empfehlenswerte Anbieter für Telefonkonferenzen sind Deutsche Telekom, easyAudio, Globafy und meetyo.
- Webkonferenzen mit Cisco Webex, GoToMeeting, Google Meet, Jitsi, Microsoft Teams, Wire und Zoom ermöglichen die Übertragung von Video, Audio und Bildschirminhalten. Die Teilnahme ist mit PC, Laptop, Tablet, Smartphone oder rein telefonisch möglich.
- Nutzen Sie E-Mail (nur) für zeitversetzte Kommunikation. Für die Zusammenarbeit im Team sind Collaboration-Tools wie Microsoft Teams, Slack oder Wire besser geeignet.
- Speichern Sie Ihre Dateien in der Cloud, um überall und gemeinsam im Team damit arbeiten zu können (Anbieterempfehlung siehe Tab. 5.1).
- Machen Sie Aufgaben und Zuständigkeiten mit einem digitalen Kanban-Board transparent, Tools wie Asana, Meistertask, Microsoft Teams oder Trello helfen dabei.
- Papierdokumente können Sie mit einem Scanner oder Ihrem Smartphone in eine Datei umwandeln. Unterschreiben können Sie nicht nur auf Papier, sondern auch direkt am Rechner. ◄

IT-Sicherheit und Datenschutz 6

Bei der Nutzung der vorgestellten Hilfsmittel gilt es stets zu verhindern, dass vertrauliche Informationen in die Hände von Unbefugten geraten oder Daten verloren oder manipuliert werden. Während innerhalb des Unternehmens IT-Sicherheitsexperten viele Vorkehrungen treffen und die Einhaltung von Regeln überwachen können, ist außerhalb der gesicherten Infrastruktur der Anwender selbst noch stärker gefordert, stets umsichtig zu handeln. Im Folgenden finden Sie einige ausgewählte Hinweise, worauf Sie besonders achten sollten, um IT-Sicherheit und Datenschutz besser zu gewährleisten.

6.1 Grundlegende Sicherheitsvorkehrungen

Wenn immer möglich, sollte ein vom Unternehmen gestellter PC oder Laptop genutzt werden, auf dem ausschließlich berufliche Programme und Daten gespeichert sind. Hier sind üblicherweise nicht nur ein aktueller Virenschutz bzw. eine Sicherheitssoftware vorinstalliert, sondern auch die Firewall[1] aktiviert. Wer einen Privatrechner nutzt, sollte ebenfalls geeignete Sicherheitssoftware installieren und stets aktuell halten. Anbieter wie Veronym (www.veronym.com) bieten DSGVO-konforme cloudbasierte Sicherheitslösungen, mit denen auch für Homeoffice Nutzer die nötigen Sicherheitsmechanismen vom Unternehmen ein-

---

[1]Eine Firewall-Software überwacht und beschränkt den Netzwerkzugriff und kann unerlaubten Zugriff von Anwendungen auf das Netzwerk unterbinden.

© Der/die Herausgeber bzw. der/die Autor(en), exklusiv lizenziert durch Springer Fachmedien Wiesbaden GmbH, ein Teil von Springer Nature 2020
P. Bruhn, *Homeoffice und mobiles Arbeiten im Team effektiv umsetzen,* essentials, https://doi.org/10.1007/978-3-658-30608-3_6

fach installiert und zentral gesteuert und überwacht werden können. Auch private
Endgeräte können so vor Cyber-Gefahren geschützt werden.

Nicht nur im Büro, sondern genauso unterwegs und zu Hause sollte man
sofort die Bildschirmsperre aktivieren, sobald man sich vom Rechner entfernt
(bei Windows-PCs Windows-Taste + L drücken). Dies verhindert nicht nur ver-
sehentliche Blicke von Familienmitgliedern auf vertrauliche Informationen,
sondern auch unerwünschte Aktionen, wenn beispielsweise Kinder oder Haus-
tiere die Tastatur berühren oder Gegenstände darauf fallen lassen. Weiterhin
empfiehlt sich für Laptops ein Blickschutzfilter. Damit sehen fremde Personen,
die von der Seite auf den Bildschirm schauen, nur ein schwarzes Bild.

Nutzen Sie stets unterschiedliche Passwörter. So begrenzen Sie den Schaden,
wenn jemand an Ihr Passwort gelangt. Hacker, die in ein System eindringen,
probieren die geklauten Passwörter meist bei vielen Diensten durch. Tipps, wie
Sie sichere Passwörter finden und sich merken können, finden Sie in [7].

Wichtig ist, Mitarbeiter ständig zu schulen und auch für Gefahren wie
betrügerische E-Mails zu sensibilisieren. Diese können Schadsoftware getarnt
als Dokumente enthalten oder versuchen, an vertrauliche Informationen oder
Passwörter zu gelangen. Es gibt immer wieder erfolgreiche Fälle von sog.
CEO-Fraud mit erheblichem Schaden (vgl. [9]). Hierbei erhalten Mitarbeiter
E-Mails oder sehr gut gefälschte Briefpost, die scheinbar von einem Mitglied
der Unternehmensführung stammen. Sie werden darin aufgefordert, hohe Geld-
beträge auf eine ausländische Bankverbindung zu überweisen. Die Betrüger
recherchieren im Vorfeld viele Firmeninterna und teilweise auch das persönliche
Umfeld des Opfers, sodass die Nachrichten sehr glaubwürdig und echt wirken.
Zusätzlich wird auf hohen Zeitdruck und Geheimhaltung hingewiesen. Gerade
in Situationen, in denen viele Mitarbeiter im Homeoffice arbeiten, ist es wichtig,
dass diese stets zuerst Rücksprache mit ihren Vorgesetzen oder dem Geschäfts-
führer halten. Hierbei dürfen sie nicht auf in der Nachricht angegebene Telefon-
nummern und E-Mail-Adressen vertrauen, da auch diese gefälscht sind, sondern
müssen wissen, wie sie die richtigen Personen einfach erreichen können.

6.2   Netzwerkzugriff sicher gestalten

Wer ein drahtloses Netzwerk (WLAN) verwendet, sollte dies unbedingt mit
einem möglichst starken Passwort sichern. Bei vielen WLAN-Routern ist bereits
ein Passwort voreingestellt (oft auf einem Aufkleber auf der Geräteunterseite zu
finden). Es empfiehlt sich, dieses zu ändern und dabei darauf zu achten, dass als
Verschlüsselungsmodus WPA (Wi-Fi Protected Access) eingestellt ist (idealer-

weise die aktuelle Version WPA3, sofern von allen genutzten Geräten unterstützt). Der früher häufig genutzte Modus WEP (Wired Equivalent Privacy) hat sich als unsicher erwiesen. Wenn vorhanden, sollte zum Zugriff auf das Unternehmensnetzwerk ein VPN-Dienst (▸ Abschn. 5.5) genutzt werden. Um die Sicherheit hierbei zusätzlich zu erhöhen, empfiehlt sich eine sog. 2-Faktor-Authentifizierung. Hierbei sind zum Verbindungsaufbau stets zwei unterschiedliche, unabhängige Komponenten (Faktoren) erforderlich. Diese Faktoren können ein geheimes Wissen wie ein Passwort, ein Geheimnis hütender Gegenstand (beispielsweise ein Kurzzeitkennwortgenerator oder ein Mobiltelefon) oder ein biometrisches Charakteristikum wie ein Fingerabdruck sein. In der Praxis werden häufig Passwort zusammen mit einer Transaktionsnummer (TAN), die als SMS auf das Mobiltelefon gesendet wird, genutzt.

6.3 Vertraulichkeit bei Sprach- und Webkommunikation

Während viele Menschen ein herkömmliches Telefonat abhörsicherer empfinden als die Kommunikation über Softwarelösungen am PC, ist das Gegenteil der Fall.

Bei der bisher genutzten Telefonie im Festnetz (und/oder mit dem Mobiltelefon) erfolgt die Kommunikation unverschlüsselt – lediglich Teilstrecken können verschlüsselt sein, beispielsweise bei einem schnurlosen DECT-Telefon die Übertragung vom Mobilteil zur Basisstation. Klassische Telefonleitungen lassen sich mit wenig Aufwand abhören und sind in Mehrfamilienhäusern teilweise im Keller einfach zugänglich. Durch die Umstellung auf die IP-basierte Telefonie, was derzeit deutschlandweit für Festnetzanschlüsse der Deutschen Telekom erfolgt, reicht ein einfaches Anzapfen des Signals in der Telefonleitung nicht mehr zum Mithören aus. Trotzdem besteht bei der Telefonie ein hohes Sicherheitsrisiko, wenn nicht eine zusätzliche Verschlüsselung erfolgt.

Mehr Sicherheit bieten Lösungen, die die Kommunikation entweder Ende-zu-Ende (E2E) verschlüsseln oder die eine Transport-Verschlüsselung nutzen. Bei der Ende-zu-Ende-Verschlüsselung verschlüsseln die Endgeräte (oder die genutzte Software) die Kommunikation mit einem nur den beiden Endgeräten bekannten Schlüssel. Bei der Transport-Verschlüsselung hingegen ist der Schlüssel dem Dienstleister bekannt, sodass dieser (oder ein Hacker, der in die Infrastruktur des Dienstleisters eindringt) die übertragenen Datenströme grundsätzlich entschlüsseln könnte. Ein Dritter, der sich beispielsweise Zugriff auf die Leitungen verschafft, kann die Kommunikation hingegen nicht entschlüsseln.

Ein niedriges Sicherheitsrisiko besteht laut [22] bei Microsoft Skype (for Business), Cisco Webex, Zoom (optional) und Jitsi, die eine Ende-zu-Ende-Verschlüsselung nutzen[2]. Ein mittleres Risiko haben Google Meet, Slack und Microsoft Teams, bei denen eine Transport-Verschlüsselung zum Einsatz kommt.

6.4   Daten vor unbefugtem Fremdzugriff schützen

Rechner speichern Daten auf der lokalen Festplatte standardmäßig unverschlüsselt. Damit kann jeder, der an die Festplatte des PCs oder Laptops gelangt, auf vertrauliche Informationen zugreifen. Auch gelöschte oder nur temporär gespeicherte Dateien sind oftmals mit wenig Aufwand auslesbar. Insbesondere für Laptops, USB-Sticks und externe Festplatten, die alle leicht in fremde Hände gelangen können, ist daher die vollständige Verschlüsselung der Laufwerke unverzichtbar. Aber auch der PC zu Hause wie im Büro sollte so gesichert werden. Dies verhindert auch, dass Daten auf ausgemusterten Geräten in fremde Hände gelangen können, wie es immer wieder vorkommt[3].

Windows enthält seit Windows 7 in allen Versionen (außer Home Edition) die Funktion BitLocker, mit der eine Verschlüsselung möglich ist[4]. Mac-Rechner von Apple lassen sich einfach mit FileVault verschlüsseln[5]. Auch viele Festplatten und USB-Speichermedien sind mit eingebauter Verschlüsselungstechnik erhältlich. Alternativ gibt es viele kommerzielle Software zur Verschlüsselung am Markt. Kostenfrei nutzbar ist die Open Source-Software VeraCrypt (www. verycrypt.fr), der Nachfolger von TrueCrypt. Nutzen Sie eine dieser Möglichkeiten und verschlüsseln Sie alle Ihre Laufwerke und Dateien.

---

[2]Zoom verspricht Ende-zu-Ende-Verschlüsselung, nutzt aber wohl bei Videokonferenzen lediglich eine Transportverschlüsselung, wie das Investigativportal The Intercept aufdeckte (vgl. [16]).

[3]So sind im Herbst 2019 Laufwerke auf eBay verkauft worden, die noch personenbezogene Daten von Jugendamt und Kfz-Zulassungsstelle enthielten (vgl. [24]).

[4]Anleitung zur Aktivierung siehe [19].

[5]Anleitung zur Aktivierung siehe [2].

6.5   Datenschutz bei der Datenverarbeitung

Viele Daten, mit denen im Unternehmen gearbeitet wird, sind personenbezogene Daten – beispielsweise Name und Anschrift von Kunden und Mitarbeitern. Die Datenschutzgrundverordnung (DSGVO), die „Vorschriften zum Schutz natürlicher Personen bei der Verarbeitung personenbezogener Daten" (DSGVO Art. 1 Abs. 1) enthält und „die Grundrechte und Grundfreiheiten natürlicher Personen und insbesondere deren Recht auf Schutz personenbezogener Daten" (DSGVO Art. 1 Abs. 2) schützt, gilt es zu beachten.

Den Datenschutz können Sie am besten kontrollieren, wenn Sie die Dienste für Dokumentenablage, Videokonferenzen, Chat etc. auf eigenen Servern betreiben. Es gibt zahlreiche Open-Source-Software, die kostenlos nutzbar ist und deren Quellcode öffentlich ist, sodass er auf Sicherheitslücken überprüft werden kann.

> **Tipp: Dienste für Dateiaustausch, Chat und Videokonferenz mit kostenfreier Software selbst betreiben** Nutzen Sie einen Server, den Sie im eigenen Unternehmen stehen haben oder bei einem vertrauenswürdigen Hosting-Anbieter mieten. Auf diesem sollte das Linux-Betriebssystem Ubuntu laufen. Installieren Sie dann Nextcloud für den Dateiaustausch, Adressbuch und Kalender, Rocket.Chat für den Chat, sowie Jitsi Meet für Videokonferenzen, zusätzlich den Router Træfik. Eine Anleitung, wie dies einfach umzusetzen ist, finden Sie in [19].

Sofern Sie bei der Verarbeitung personenbezogener Daten auf Dienstleister zurückgreifen, ist dies eine Auftragsverarbeitung nach Art. 28 DSGVO. Dort heißt es:

Art. 28 DSGVO

Auftragsverarbeiter
(1) Erfolgt eine Verarbeitung im Auftrag eines Verantwortlichen, so arbeitet dieser nur mit Auftragsverarbeitern, die hinreichend Garantien dafür bieten, dass geeignete technische und organisatorische Maßnahmen so durchgeführt werden, dass die Verarbeitung im Einklang mit den Anforderungen dieser Verordnung erfolgt und den Schutz der Rechte der betroffenen Person gewährleistet.
[…]

(3) Die Verarbeitung durch einen Auftragsverarbeiter erfolgt auf der
Grundlage eines Vertrags oder eines anderen Rechtsinstruments nach dem
Unionsrecht oder dem Recht der Mitgliedstaaten, der bzw. das den Auftragsverarbeiter in Bezug auf den Verantwortlichen bindet und in dem Gegenstand und Dauer der Verarbeitung, Art und Zweck der Verarbeitung, die Art
der personenbezogenen Daten, die Kategorien betroffener Personen und die
Pflichten und Rechte des Verantwortlichen festgelegt sind. [...]

Konkret bedeutet das für Sie, dass Sie mit Dienstleistern – egal ob Sie diese für
Ihre Newsletter und Marketingaktionen nutzen, mit der Gehaltsabrechnung beauf-
tragen oder für die Speicherung Ihrer Daten in der Cloud nutzen – eine vertragliche Grundlage benötigen. Dies ist meist ein sog. Auftragsverarbeitungs-Vertrag
(AV-Vertrag), der inzwischen auch elektronisch abgeschlossen werden kann.
Viele Dienstleister stellen auf ihren Webseiten fertig ausgearbeitete AV-Verträge
bereit, die bei Beauftragung sofort unterzeichnet werden können. Prüfen Sie diese
auf Einhaltung der Bestimmungen der seit 25. Mai 2018 gültigen Datenschutzgrundverordnung und schließen Sie neue Verträge ab, wenn alte Verträge den
gesetzlichen Anforderungen nicht genügen.

Sofern Sie Dienstleister außerhalb der Europäischen Union nutzen, beachten
Sie bitte besonders Artikel 45 DSGVO:

(1) Eine Übermittlung personenbezogener Daten an ein Drittland oder eine
internationale Organisation darf vorgenommen werden, wenn die Kommission
beschlossen hat, dass das betreffende Drittland, ein Gebiet oder ein oder
mehrere spezifische Sektoren in diesem Drittland oder die betreffende internationale Organisation ein angemessenes Schutzniveau bietet.

Derzeit gehören zu den sicheren Drittstaaten Andorra, Argentinien, Färöer,
Guernsey, Israel, Isle of Man, Japan, Jersey, Kanada (nur kommerzielle
Organisationen), Neuseeland, Schweiz, Uruguay und die USA (wenn der
Empfänger dem Privacy Shield angehört), siehe [8].

Das Wichtigste in Kürze

- Schützen Sie alle Rechner mit Sicherheitssoftware und schulen Sie Mitarbeiter regelmäßig.
- Sichern Sie drahtlose Netzwerke (WLAN) mit Verschlüsselung und
  nutzen Sie für den VPN-Zugriff auf die Unternehmensinfrastruktur die
  2-Faktor-Authentifizierung.

- Achten Sie sowohl bei der Kommunikation als auch bei sämtlichen Laufwerken auf die aktivierte Verschlüsselung, beispielsweise mit BitLocker, FileVault oder VeraCrypt.

- Die Datenschutzgrundverordnung ist bei der Nutzung von Clouddiensten und Dienstleistern von besonderer Relevanz und erfordert meist den Abschluss eines Auftragsverarbeitungs-Vertrags. ◀

Fazit und Empfehlung 7

Die Basisfunktionalität eines mobilen oder Homeoffice-Arbeitsplatzes lässt sich technisch schnell und mit wenig Aufwand umsetzen. Moderne Software- und Kommunikationslösungen sind heute so gebaut, dass sie von jedem Arbeitsplatz weltweit, der mit dem Internet verbunden ist, nutzbar sind.

Wo noch ältere Lösungen zum Einsatz kommen und die technischen Voraussetzungen wie VPN-Zugang oder Cloud-Telefonanlage noch nicht vorhanden sind, ist mehr Aufwand erforderlich, wenn spezielle Anforderungen bestehen wie die Nutzung von lokal installierter Software, der Zugriff auf nur intern verfügbare Ressourcen wie das Intranet oder die Anrufsteuerung über mehrere Nebenstellen hinweg (z. B. Chef-Sekretär-Funktion).

Die eigentliche Herausforderung, dass Homeoffice gut funktioniert, liegt meist bei den Themen Führung und Kultur. Es ist nicht ausreichend, die Mitarbeiter mit guten IT-Tools auszustatten. Die Arbeitsweise im Team muss entsprechend organisiert werden, die Nutzung von Methoden und Tools wie Kanban-Boards muss eingeübt sein. Ganz entscheidend sind aber die Führungskultur und die Zusammenarbeit im Team. Eine große Vertrauensbasis, Offenheit und Transparenz sind wichtige Grundvoraussetzungen. Wer enge Kontrolle und Steuerung gewohnt ist, muss lernen, loszulassen und Ziele zu vereinbaren, statt Arbeitsanweisungen zu erteilen bzw. darauf zu warten.

Mitarbeiter, die länger im Homeoffice sind, brauchen Strukturen genauso wie konkrete Zielsetzungen. Verantwortlichkeiten und Termine müssen klar sein. Mitarbeiter müssen sich selbst organisieren können. Hilfreich sind beispielsweise Videoanrufe zu Beginn und am Ende des Tages, um gemeinsam anstehende Aufgaben zu besprechen bzw. den Arbeitstag und Ergebnisse zu reflektieren. Gespräche sollten sowohl eins zu eins zwischen Führungskraft und Mitarbeiter als auch im Team sehr regelmäßig stattfinden.

P. Bruhn, *Homeoffice und mobiles Arbeiten im Team effektiv umsetzen,* essentials, https://doi.org/10.1007/978-3-658-30608-3_7

Da durch den fehlenden direkten persönlichen Kontakt Emotionen nur schwer von der Führungskraft wahrgenommen werden, sind die genaue Beobachtung und eine viel intensivere und klarere Kommunikation als im Büroalltag wichtig. Viel konstruktives Feedback hilft, Orientierung zu geben und Wertschätzung zum Ausdruck zu bringen, da Mitarbeiter, die allein im Homeoffice sitzen, beides seltener erhalten als unter Kollegen im Büro.

Sehen Sie als Führungskraft das Thema flexibles Arbeiten und Homeoffice als Chance an, reflektieren Sie selbstkritisch Ihren Führungsstil und erweitern Sie Ihre Führungskompetenz, lassen Sie sich aber nicht von den damit verbundenen Herausforderungen abschrecken. Sie wachsen mit Ihren Herausforderungen und lernen aus Fehlern – und das ist gut für alle.

Was Sie aus diesem *essential* mitnehmen können

- Für die Arbeit im Homeoffice können Sie einen Rechner nutzen, an den Sie Headset oder Mikrofon, Webcam sowie ggf. externe Tastatur, Maus und Monitor anschließen. Ein Green Screen ermöglicht virtuelle Hintergründe.
- Die Internetverbindung kann nicht nur mit einem DSL- oder Kabelanschluss, sondern auch mit einem mobilen WLAN-Hotspot oder Surfstick mit SIM-Karte, wie sie jederzeit im Supermarkt erhältlich ist, realisiert werden. Mit einer Cloud-Telefonanlage sind Sie weltweit unter Ihrer Rufnummer erreichbar.
- Moderne Softwarelösungen speichern Daten in der Cloud, so dass Sie überall und mit verschiedenen Endgeräten sowie gemeinsam mit Kollegen Dokumente bearbeiten können. Anwendungen ohne diese Möglichkeit lassen sich behelfsweise mit Fernwartungssoftware bedienen.
- Die Zusammenarbeit in geografisch verteilten Teams lässt sich mit Webkonferenzen, Softwarelösungen zur Kollaboration und der Nutzung von Clouddiensten gestalten. Wichtig sind ein vertrauensvoller Führungsstil, Transparenz und viel Kommunikation.
- Die Datenschutzgrundverordnung ist zu beachten. Vertrauliche Daten und Kommunikation sollten stets verschlüsselt werden.

© Der/die Herausgeber bzw. der/die Autor(en), exklusiv lizenziert durch Springer Fachmedien Wiesbaden GmbH, ein Teil von Springer Nature 2020
P. Bruhn, *Homeoffice und mobiles Arbeiten im Team effektiv umsetzen*, essentials, https://doi.org/10.1007/978-3-658-30608-3

Literatur

1. 1&1 Telecommunication SE (2020). https://hilfe-center.1und1.de/rechnung-c85326/rechnungspositionen-c85331/berechnung-von-service--und-konferenzdiensten-a793873.html. Zugegriffen: 5. April 2020.
2. Apple (2018). Das Startvolume Ihres Mac mit FileVault verschlüsseln. https://support.apple.com/de-de/HT204837. Zugegriffen: 17.04.2020.
3. Apple (2020). Einen persönlichen Hotspot auf deinem iPhone oder iPad einrichten. https://support.apple.com/de-de/HT204023. Zugegriffen: 21.04.2020.
4. Bager, J., Bleich, H., & Wischner, S. (2020). Verstreut, aber vernetzt. Zusammenarbeit mit Microsoft Teams organisieren. c't Magazin 2020(9), 18–21.
5. Bauerfeind, M. (2020). Prepaid-Wiki. https://www.prepaid-wiki.de/. Zugegriffen: 5. April 2020.
6. Bielawa, H. (2020). Belastungstest: Microsoft Teams beschränkt wegen Überlastung Funktionen. t3n. https://t3n.de/news/belastungstest-microsoft-teams-1265497/. Zugegriffen: 25.04.2020.
7. Eikenberg, R. (2019). Sicherheits-Checkliste Passwörter. c't Magazin. https://heise.de/-4298075. Zugegriffen: 01.05.2020.
8. Europäische Kommission (2019). Adequacy decisions. https://ec.europa.eu/info/law/law-topic/data-protection/international-dimension-data-protection/adequacy-decisions_de. Zugegriffen: 23.04.2020.
9. F.A.Z. (2016). Betrugsmasche. Autozulieferer Leoni um Millionensumme gebracht. https://www.faz.net/-gqi-8kg3q. Zugegriffen: 18.04.2020.
10. Freytag, B., Germis, C., Krohn, P., Müssgens, C., & Preuss, S. (2020). Corona-Alltag in den Betrieben. Iss niemals allein. F.A.Z. https://www.faz.net/-gqi-9yjra. Zugegriffen: 25.04.2020.
11. Google (2020). Mobilfunkverbindung über Tethering oder Hotspot auf einem Android-Smartphone freigeben. https://support.google.com/android/answer/9059108. Zugegriffen: 21.04.2020.
12. Hernbroth, M. (2019). Slack, the newly-public chat app worth about $20 billion, has a hidden meaning behind its name. Business Insider. https://www.businessinsider.com/where-did-slack-get-its-name-2016-9. Zugegriffen: 16.04.2020.

13. Hsieh, T. (2013). Yesterbox. https://yesterbox.com. Zugegriffen: 22.04.2020.
14. Hund, M. (2020). Home Office für Geeks. https://hundhome.de/home/home-office-1. Zugegriffen: 21.04.2020.
15. Jontza, A. (2020). Das ist die Geschichte hinter dem Klo in meinem #HomeOffice. https://www.linkedin.com/posts/andrejontza_homeoffice-homeschooling-kurzewege-activity-6646308431181430784-5rAZ/. Zugegriffen: 20.04.2020.
16. Kolbow-Lehradt, B. (2020). Ratgeber. Blickkontakt statt Handshake: Videokonferenz-Systeme im Überblick https://t3n.de/news/videokonferenz-systeme-ueberblick-1260328/. Zugegriffen: 22.04.2020.
17. Lee, M., & Grauer, Y. (2020). Zoom meetings aren't end-to-end encrypted, despite misleading marketing. https://theintercept.com/2020/03/31/zoom-meeting-encryption/. Zugegriffen: 16.04.2020.
18. Lorenz, T. (2020). 'Zoombombing': When Video Conferences Go Wrong. https://www.nytimes.com/2020/03/20/style/zoombombing-zoom-trolling.html. Zugegriffen: 22.04.2020.
19. Mahn, J. (2020). Privater Sammelplatz. *c't Magazin* 2020(9), 26–28.
20. Microsoft (2019). Aktivieren der Geräteverschlüsselung. https://support.microsoft.com/de-de/help/4028713/windows-10-turn-on-device-encryption. Zugegriffen: 17.04.2020.
21. Microsoft (2020). Enable or disable Outlook on the web for a mailbox. https://docs.microsoft.com/de-de/exchange/recipients-in-exchange-online/manage-user-mailboxes/enable-or-disable-outlook-web-app. Zugegriffen: 19.04.2020.
22. PwC Cyber Security & Privacy (2020). Sicheres Coworking in Zeiten von Corona. Stand: 20.03.2020. www.pwc.de/de/consulting/sicheres-coworking-in-zeiten-von-corona.pdf. Zugegriffen: 23.04.2020.
23. Rabe, L. (2020). Anteil der Internetnutzer nach Altersgruppen in Deutschland bis 2019. https://de.statista.com/statistik/daten/studie/3101/umfrage/internetnutzung-in-deutschland-nach-altersgruppen/. Zugegriffen: 4. April 2020.
24. Rubinstein, J. S., Meyer, D. E., & Evans, J. E. (2001). Executive control of cognitive processes in task switching. *Journal of Experimental Psychology: Human Perception and Performance, 27*(4), 763–797. https://doi.org/10.1037/0096-1523.27.4.763.
25. Schnurer, G. (2020). Daten-Schatzkiste. SSD mit Daten aus dem Jugendamt und der Kfz-Zulassungsstelle im Handel. *c't Magazin* 2020(1), 12–16. https://www.heise.de/select/ct/2020/1/1577560218181384. Zugegriffen: 17.04.2020.
26. Skay, J. (2019). Skype for Business Online to Be Retired in 2021. https://techcommunity.microsoft.com/t5/microsoft-teams-blog/skype-for-business-online-to-be-retired-in-2021/ba-p/777833. Zugegriffen: 5. April 2020.
27. Spataro, J. (2020). Microsoft Teams at 3: Everything you need to connect with your teammates and be more productive. https://www.microsoft.com/en-us/microsoft-365/blog/2020/03/19/microsoft-teams-3-everything-you-need-connect-teammates-be-more-productive/. Zugegriffen: 25.04.2020.
28. Spataro, J. (2020). Update #2 on Microsoft cloud service continuity. https://www.microsoft.com/en-us/microsoft-365/blog/2020/03/29/update-2-microsoft-cloud-services-continuity/. Zugegriffen: 25.04.2020.
29. Toyota Motor Corporation (2020). https://global.toyota/en/company/vision-and-philosophy/production-system/. Zugegriffen: 12.04.2020.

30. Velten, C. (2020). Wie CIOs der Coronavirus-Krise begegnen. Computerwoche. http://www.cowo.de/a/3548559. Zugegriffen: 17.04.2020.
31. Womack, J. P., Jones, D. T., & Roos, D. (1990). *Machine that Changed the World: The Massachusetts Institute of Technology 5-million-dollar, 5-year Report on the Future of the Automobile Industry.* New York: Rawson Ass. [u.a.].